Verena Euler
Andreas Reul
Vito Tagliente

AF151208

Deutsch üben

Differenzierte Materialien
für das ganze Schuljahr

8

Auer

Quellennachweis:

Textquellen:

Erziehungscamps als Chance?
Aus: http://www.abendblatt.de/hamburg/article356214/Erziehungscamps-als-Chance.html
© Karin Brose, Hamburg

Georg Britting: Sommersonntag in der Stadt.
Aus: ders., Sämtliche Werke, Band 6 © Georg-Britting-Stiftung

Hebel, Johann Peter: Der Barbierjunge von Segringen.
Aus: Johann Peter Hebel: Erzählungen des Rheinländischen Hausfreundes. Vermischte Schriften. Hrsg. von E. Meckel, Insel-Verlag, Frankfurt am Main 1968.

Ernst, Otto: Nis Randers.
Aus: Hartmut Laufhütte (Hrsg.): Deutsche Balladen. Reclam Verlag, Stuttgart 2000.

Goethe, Johann Wolfgang von: Der Totentanz.
Aus: Hartmut Laufhütte (Hrsg.): Deutsche Balladen. Reclam Verlag, Stuttgart 2000.

Bildquellen:

Träume am Strand.
© idreamphoto – fotolia.com

Die Vorlagen auf CD sind optimiert für Microsoft Word 2000/2003.

Gedruckt auf umweltbewusst gefertigtem, chlorfrei gebleichtem und alterungsbeständigem Papier.

3. Auflage 2021
Nach den seit 2006 amtlich gültigen Regelungen der Rechtschreibung
© Auer Verlag
AAP Lehrerwelt GmbH, Augsburg

Illustrationen: Steffen Jähde
Umschlagfoto: fotolia.com
Satz: Typographie & Computer, Krefeld
Druck und Bindung: Franz X. Stückle Druck und Verlag GmbH, Ettenheim
CD-Pressung: optimal media production GmbH, Röbel/Müritz
ISBN 978-3-403-**06941**-6

www.auer-verlag.de

Inhaltsverzeichnis

Die Lösungen zu allen Aufgaben finden Sie auf der beiliegenden CD-ROM!

Vorwort

Schüler[1] individuell zu fördern, bedeutet, sie da abzuholen, wo sie stehen. Konkret heißt das, dass bereits vorhandene Kompetenzen gezielt ausgebaut werden. Um diesem Anspruch gerecht zu werden, sollten Übungsmaterialien entsprechend unterschiedliche Schwierigkeitsstufen bedienen.

In der vorliegenden Unterrichtshilfe finden Sie zu **fünf grundlegenden Themen des 8. Schuljahrs**, die noch einmal in Unterthemen aufgegliedert sind, **Arbeitsblätter auf zwei Niveaustufen**. Zusätzlich gibt es zu Beginn jedes Unterthemas ein **Merkblatt**, mit dem Sie noch einmal die wichtigsten Inhalte wiederholen können. Folgende Themen werden behandelt:

- Richtig schreiben und Zeichen setzen
- Grammatikwissen anwenden
- Wortarten zur richtigen Groß- und Kleinschreibung nutzen
- Kreativ Texte produzieren
- Verschiedene Aufsatzformen und sprachlichen Ausdruck trainieren

Alle Blätter sind in den Kopfzeilen entsprechend ihrer Einsatzmöglichkeit oder ihres Schwierigkeitsgrades gekennzeichnet: (i) für die Merkblätter, für die leichten Arbeitsblätter, für die schwereren.

Die Aufgaben auf jedem Arbeitsblatt wurden nach dem Prinzip **„vom Leichten zum Schweren"** erstellt. So können sowohl schnellere als auch langsamere Schüler adäquat und effektiv gefördert werden. Im Sinne eines produktiven Übens fördern die Materialien das automatisierende Üben (Fertigkeiten einüben), das operative Üben (Zusammenhänge erkennen), das problemorientierte Üben (Problemlösestrategien entwickeln) und das anwendungsorientierte Üben (Bezug zur Lebenspraxis).

Das entsprechende Merkblatt kann als Folie (zur gemeinsamen Besprechung im Unterricht) oder als Kopiervorlage verwendet werden. Neben einer kurzen Zusammenfassung der wesentlichen Inhalte finden Sie hier z.B. Definitionen und wichtige Merkregeln.

Alle Aufgaben aus dem Buch sowie die vollständigen Lösungen finden Sie in veränderbarer Form auf der beiliegenden **CD-ROM**, d.h. Sie können alle Aufgaben noch einmal individuell auf Ihre jeweilige Lerngruppe zuschneiden, nach Belieben Aufgaben weglassen oder ergänzen usw.

Zur Diagnose und Lernstandsüberprüfung empfehlen wir Ihnen die Bände **„Auer Führerscheine Deutsch Klasse 8"** (Bestell-Nr. 06940) und **„Klassenarbeiten Deutsch 8"** (Bestell-Nr. 06942). Beide Unterrichtshilfen sind nach demselben Inhaltsverzeichnis wie der vorliegende Band konzipiert. Sie können also mit dem kompletten Programm „Auer Führerscheine Deutsch", „Deutsch üben" und „Klassenarbeiten Deutsch" schnell und einfach die Kompetenzen Ihrer Schüler diagnostizieren, entsprechende Materialien zum Üben anbieten und in einer Klassenarbeit abfragen.

Die drei Bände eignen sich somit hervorragend, um einen entsprechenden Förderplan mit genauer Angabe der Stärken und Defizite sowie der Fördermöglichkeiten zu erstellen und ggf. auch an die Eltern weiterzureichen.

Viel Erfolg bei der Arbeit mit den Materialien!

---

[1] Aufgrund der besseren Lesbarkeit ist in diesem Buch mit Schüler immer auch die Schülerin gemeint, ebenso verhält es sich bei Lehrer und Lehrerin.

Fremdwörter

Fremdwörter sind Begriffe, die **ursprünglich aus anderen Sprachen stammen und ins Deutsche übernommen** wurden.

Häufig verwenden **Fachsprachen** Fremdwörter – beispielsweise in der Medizin oder Justiz – doch auch in der Alltagsprache kommen Fremdwörter zahlreich vor.
Beispiele: *Exemplar, Prognose, Energie, Casting*

Einige Fremdwörter kannst du daran erkennen, dass sich die **Schreibung nicht direkt von der Aussprache ableiten** lässt.
Beispiele: *Fairness, Niveau*

Häufige Endungen von Fremdwörtern

Einige Fremdwörter weisen typische Endungen auf:

- **Nomen enden auf „-age", „-eur", „-ie", „-tion".**
  Beispiele: *Garage, Sabotage, Malheur, Friseur, Fotografie, Garantie, Emotion, Ration*

- **Verben enden auf „-ieren".**
  Beispiele: *tolerieren, imitieren*

- **Adjektive enden auf „-abel", „-al", „-ell", „-iv".**
  Beispiele: *akzeptabel, rentabel, neutral, zentral, prinzipiell, aktuell, intuitiv, argumentativ*

Häufige Vorsilben von Fremdwörtern

Einige Fremdwörter weisen typische Vorsilben auf. Häufig kann dir die Vorsilbe helfen, die Bedeutung der Wörter abzuleiten.

- **„mono-":** Häufige Bedeutung: ein, einzig, allein
  Beispiel: *monoton = eintönig, gleichmäßig*

- **„anti-":** Häufige Bedeutung: gegen
  Beispiel: *Antiserum = Heilmittel bei Krankheit*

- **„inter-":** Häufige Bedeutung: zwischen
  Beispiel: *international = nicht auf eine Nation beschränkt*

- **„re-":** Häufige Bedeutung: wieder, gegen, zurück
  Beispiel: *Reproduktion = Nachbildung*

- **„pro-"** Beispiel: *Pronomen*

- **„ex-"** Beispiel: *Explosion*

1. a. **Schlage folgende Fremdwörter in einem Wörterbuch nach und notiere deren Bedeutung in deinem Deutschheft. Beachte, dass du bei zusammengesetzten Wörtern häufig beide Wortteile nachschlagen musst.**

> Reportage   Märchenparodie   Investition   provozieren   emotional
> Installateur   reparabel   speziell   produktiv   Wüstenexpedition

   b. **Lege dir in deinem Deutschheft eine dreispaltige Tabelle nach folgendem Muster an und trage die zehn Fremdwörter aus Aufgabe 1.a. in der passenden Spalte ein.**

Nomen	Verben	Adjektive

   c. **Bilde aus den Verben und Adjektiven aus Aufgabe 1.a. ein Nomen und schreibe diese in dein Deutschheft. Unterstreiche den Bestandteil der Wörter, der gleich bleibt.**

 Diese Endungen können dir helfen, Nomen zu bilden:
„-ität", „-tion", „-kation", „-ion", „-tur"

Beispiel: *finanziell* → *Finanzen*

2. **In der folgenden Tabelle findest du einige Fremdwörter, die auch in der Alltagssprache häufig verwendet werden.**

Interesse	Sympathie
Information	Charakter
Kommunikation	Chance
reparieren	diskutieren
Rhythmus	Apparat
Konkurrenz	Training
Maschine	aggressiv

   a. **Lege die Tabelle an einen Platz, der ca. drei Meter von deinem Tisch entfernt ist. Schaue dir jeweils ein Fremdwort der Tabelle genau an, gehe dann an deinen Platz zurück und schreibe das Wort in dein Deutschheft. Wiederhole diesen Vorgang mit allen Wörtern der Tabelle. Kontrolliere anschließend, ob du alle Wörter richtig geschrieben hast.**

V. Fuler/A. Reul/V. Tanliante: Deutsch üben Klasse 8

b. Sieh dir die Fremdwörter der Tabelle (Aufgabe 2.) genau an. Decke die Tabelle anschließend ab und fülle die Lücken in den folgenden Sätzen mit den passenden Fremdwörtern. Einige Wörter musst du hierzu in eine andere Wortart setzen.

1. Wir haben uns auf Anhieb gut verstanden. Er war mir auf den ersten Blick

   _____.

2. Ich weiß nicht, wie man diesen _____ bedient.

3. Lass uns tanzen! Das Lied hat den richtigen _____!

4. Auch diesen Samstag führte ich mit meinen Eltern wieder eine endlose

   _____ darüber, wie lange ich ausgehen darf.

5. Wir müssen uns noch _____, wann unser Zug abfährt.

6. Wir verstehen uns nicht mehr. Zwischen uns stimmt die _____

   nicht mehr.

c. Fülle die drei Wortfamiliencluster vollständig aus.

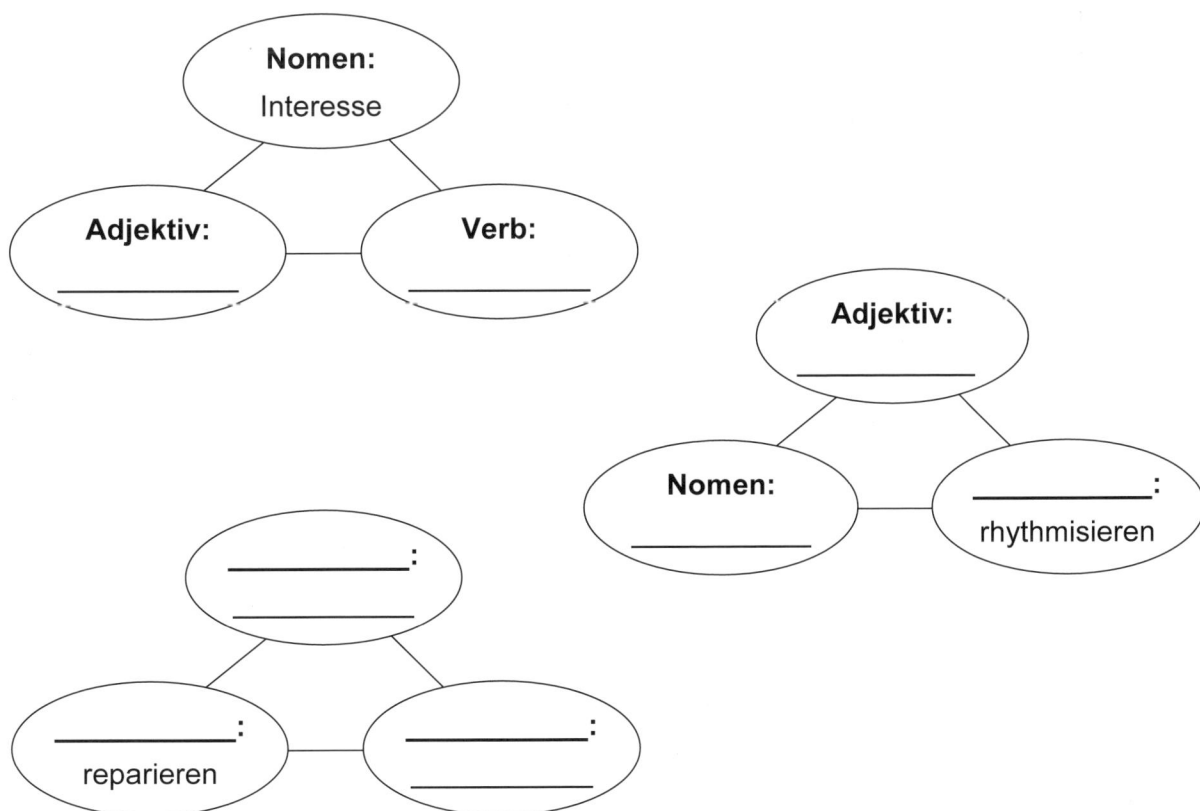

1. a. **Schlage folgende Fremdwörter in einem Wörterbuch nach und notiere deren Bedeutung in deinem Deutschheft. Beachte, dass du bei zusammengesetzten Wörtern häufig beide Wortteile nachschlagen musst.**

> Karambolage   genial   Konfrontation   duplizieren   Naturphänomen
> Ingenieur   komfortabel   professionell   Lösungsalternative   exklusiv

b. **Lege dir in deinem Deutschheft eine dreispaltige Tabelle nach folgendem Muster an und trage die zehn Fremdwörter aus Aufgabe 1.a. in der passenden Spalte ein.**

Nomen	Verben	Adjektive

c. **Bilde aus den Verben und Adjektiven aus Aufgabe 1.a. ein Nomen und schreibe diese in dein Deutschheft. Unterstreiche den Bestandteil der Wörter, der gleich bleibt.**

2. **In dem folgenden Kasten findest du einige Fremdwörter, die auch in der Alltagssprache häufig verwendet werden.**

> Interesse   Information   aggressiv   Kommunikation   reparieren
> Rhythmus   Sympathie   absolvieren   Charakter   Chance
> diskutieren   Konkurrenz   Apparat   Training   Maschine

a. **Präge dir die Fremdwörter sowie ihre korrekte Schreibweise genau ein und decke dann die Wörter ab. Im Folgenden sind einige dieser Fremdwörter umschrieben. Finde das passende Fremdwort und schreibe es auf die freien Zeilen. Achte dabei auch auf die Rechtschreibung.**

   1. gewaltbereit _____

   2. Persönlichkeitsmerkmale, Eigenschaften _____

   3. Wettbewerb, Rivalität, Gegnerschaft _____

   4. Verständigung untereinander _____

   5. Gerät (2 Möglichkeiten) _____ , _____

   6. Mitteilung _____

b. **Bilde mit den übrigen Fremdwörtern aus dem Kasten sinnvolle Sätze und schreibe diese in dein Deutschheft.**

V. Euler/A. Reul/V. Tagliente: Deutsch üben Klasse 8

Verb-Verb-Verbindungen

Verb-Verb-Verbindungen und Partizip-Verb-Verbindungen werden in der Regel **getrennt geschrieben**.
Beispiele: *gehen lassen*, *getrennt geschrieben*

In manchen Fällen sind beide Schreibungen zulässig.
Beispiel: *kennenlernen* oder *kennen lernen*

Verbindungen mit „sein"

Verbindungen mit „sein" werden immer **getrennt geschrieben**.
Beispiele: *dabei sein*, *da sein*, *zumute sein*

Adjektiv-Verb-Verbindungen

Beschreibt das Adjektiv den Zustand, der durch die Tätigkeit (das Verb) erreicht wird, näher, darf **getrennt oder zusammengeschrieben** werden.
Beispiel: *Ich sollte den Sekt kalt stellen / kaltstellen.* → *Der Sekt ist anschließend kühl.*

Ergibt sich aus einer Adjektiv-Verb-Verbindung eine **neue Bedeutung**, muss **zusammengeschrieben** werden.
Beispiel: *Sie wollten ihre Kollegin kaltstellen.* → *Neue Bedeutung: einflusslos machen*

Adverb-Verb-Verbindungen

Bei einigen Adverb-Verb-Verbindungen kannst du die korrekte Schreibweise mithilfe der **Betonung** herausfinden. Betone dazu die Wortverbindung unterschiedlich und achte darauf, ob sich dadurch die Bedeutung ändert. Wird der **erste Bestandteil betont**, wird **zusammengeschrieben**, werden **beide Bestandteile betont** wird **getrennt geschrieben**.
Beispiel:
- *Wir wollen <u>zusammen</u>arbeiten.* → *Erster Bestandteil wird betont.*
- *Wir wollen <u>zusammen</u> <u>arbeiten</u>.* → *Beide Bestandteile werden betont.*

Bedeutungsunterschiede aufgrund der Getrennt- oder Zusammenschreibung

Einige Wortverbindungen **ändern ihre Bedeutung** je nachdem, ob sie getrennt oder zusammengeschrieben werden. Achte auch in diesen Fällen auf die **Betonung**.
Beispiel:
- *Erledige dies, so<u>bald</u> du kannst.*
- *<u>So</u> <u>bald</u> brauchst du nicht wiederzukommen.*

Zusammenschreibung bei Nominalisierungen

Nominalisierungen werden immer **zusammengeschrieben**.
Beispiel: *Das Dabeisein ist das Entscheidende, nicht das Gewinnen.*

1. Finde möglichst viele Wortverbindungen. Bilde mit diesen Verbindungen sinnvolle Sätze und schreibe diese in dein Deutschheft. Achte dabei auf die richtige Schreibweise der Wortverbindungen.

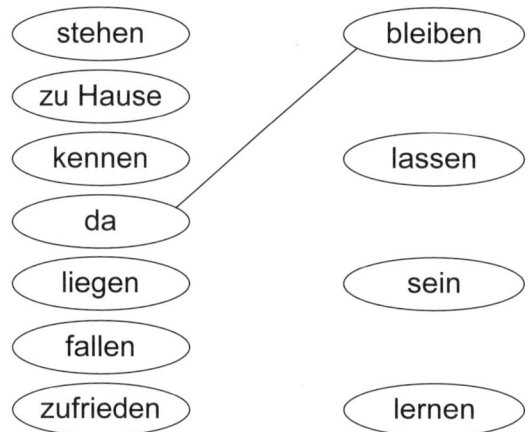

2. Lies die folgenden Sätze und unterstreiche jeweils die betonten Bestandteile der Wortverbindungen. Schreibe dann die Wortverbindungen in der jeweils richtigen Schreibweise auf die freien Zeilen.

   1. Willst du das wirklich _____ (zu/lassen)?

      Er versucht, das Rauchen sein _____ (zu/lassen).

   2. Du musst die beiden Enden des Seils _____ (zusammen/halten).

      Wir müssen _____ (zusammen/halten).

   3. Der Betrieb, _____ (in/dem) ich gearbeitet habe, musste schließen.

      Sie hilft mir, _____ (in/dem) sie mir Nachhilfeunterricht gibt.

3. Achte bei den folgenden Sätzen darauf, ob das Ergebnis der genannten Tätigkeit beschrieben wird, oder ob eine neue Gesamtbedeutung vorliegt. Schreibe dann die Wortverbindungen in der jeweils richtigen Schreibweise auf die freien Zeilen.

   1. Bei einem Vortrag solltest du möglichst _____ (frei/sprechen).

      Ich würde den Angeklagten _____ (frei/sprechen).

   2. Ob es ihr wirklich so _____ (schlecht/geht)?

      Er hat sie bei ihren Freunden _____ (schlecht/gemacht).

4. Nominalisiere folgende Wortverbindungen. Bilde dann mit diesen Nominalisierungen Sätze und schreibe diese in dein Deutschheft. Achte dabei auf die richtige Schreibweise der Nominalisierungen.

   kennen/lernen   zu/schicken   dabei/sein   links/abbiegen   Rad/fahren

V. Euler/A. Reul/V. Tagliente: Deutsch üben Klasse 8

1. a. Lies die folgenden Sätze und achte dabei besonders auf die Wortverbindungen. Schreibe dann die Sätze in dein Deutschheft, achte dabei besonders auf die richtige Schreibweise der Wortverbindungen und notiere jeweils, um welche Art der Wortverbindung es sich handelt.

   1. Wenn du mich brauchst, werde ich für dich (da/sein).
   2. An deiner Stelle würde ich sie (sitzen/lassen).
   3. Ich habe ihm (hinterher/gerufen), dass er (stehen/bleiben) soll, er hat es aber nicht mehr gehört.
   4. Du musst bei dem Termin morgen nicht unbedingt (dabei/sein).
   5. Er will sein T-Shirt (blau/färben).
   6. Du kannst dich schon mal (bereit/halten). Du bist gleich an der Reihe.
   7. Du kannst das, was du getan hast, nicht (schön/reden).

   b. Zwei der obigen Wortverbindungen lassen sich in anderen Sinnzusammenhängen auch anders schreiben. Finde diese beiden Wortverbindungen und bilde Sätze, in denen die Wortverbindung in der jeweils anderen Schreibweise geschrieben werden muss. Schreibe die Sätze in dein Deutschheft.

2. a. Viele Wortverbindungen mit „zu" können, je nach Betonung und Bedeutung, getrennt oder zusammengeschrieben werden.
   Betrachte folgendes Beispiel und erläutere den Bedeutungsunterschied. Bilde anschließend mit den Wörtern aus dem Kasten ähnliche Satzpaare und schreibe die Sätze in dein Deutschheft. Erläutere jeweils den Bedeutungsunterschied.

   Willst du das wirklich (zu/lassen)?   → _____

   Versuche, das Rauchen sein (zu/lassen). → _____

   > zu/halten   zu/schließen   zu/senden   zu/geben   zu/sichern

   b. Auch die folgenden Wortverbindungen lassen sich, je nach Betonung und Bedeutung, getrennt oder zusammenschreiben. Bilde jeweils Satzpaare, schreibe die Sätze in dein Deutschheft und erläutere den Bedeutungsunterschied.

   > sicher/gehen   frei/sprechen   fest/halten   zusammen/schreiben   in/dem   zur/zeit

   c. Finde drei weitere Wortverbindungen, die je nach Schreibweise unterschiedliche Bedeutungen haben und notiere sie in deinem Deutschheft.

3. Wähle fünf der auf dieser Seite aufgeführten Wortverbindungen aus und nominalisiere sie.

Strategie zur Schreibung gleichklingender Wörter und Silben

Suche den **Wortstamm des Wortes** oder **übertrage das Wort in andere Wortarten**, um die **Bedeutung des Wortes herauszufinden**. Bist du dir der Bedeutung des Wortes sicher, so **erschließt sich auch die Schreibweise.**

Beispiel: *Bedeutung und Schreibweise des Wortes „wahrscheinlich"*
die Ware ←→ das Wahre, die Wahrheit
wahrscheinlich → das Wahre → wird aufgrund des gemeinsamen Wort-
stamms mit „h" geschrieben.

„end-" oder „ent-"?

Lässt sich das Wort **mit der Bedeutung „Ende" in Beziehung bringen** oder lässt es sich darauf zurückführen, lautet die **Vorsilbe „end-"**. Ist diese Beziehung nicht gegeben, wird die Vorsilbe „ent-" verwendet.

Beispiele: • *Endspiel* → *das letzte Spiel, das Spiel am Ende*
• *endlos* → *ohne Ende*
• *entsprechend*
• *Entschluss*

„seit" oder „seid"?

„Seit" wird als **Konjunktion oder Präposition** verwendet, um auf eine Zeitspanne hinzuweisen.
Beispiel: *Seit einem Zoobesuch in der 4. Klasse interessiere ich mich für Giraffen.*

„Seid" gibt es nur **als Form von „sein".**
Beispiel: *ihr seid*

V. Fuler/A Reul/V Taoliente: Deutsch üben Klasse 8

1. a. **Setze die Wörter aus dem Kasten in die folgenden Sätze ein und übertrage die Sätze in dein Deutschheft.**

> endlich   entfernen   entfremden   entnahm   Endphase
> Endeffekt   Endrunde   entscheiden   entsprechend
> entschließen   enttäuscht   entwickeln   entstehen   Endspiel

1. Er _____ das Wechselgeld aus der Kasse.

2. Sie war von seinem Verhalten sehr _____.

3. Das _____ der _____ habe ich versäumt.

4. Nach einem anstrengenden Schuljahr fahren wir in den Sommerferien

   _____ in den Urlaub.

5. Das Spiel war bereits in der _____, als das erste Tor fiel.

6. Dem Bauplan _____ baute sie das Bücherregal zusammen.

7. Ich kann mich einfach nicht _____. Die Auswahl ist zu groß.

8. Im _____ hatte er mit seinen Vermutungen Recht.

b. **Was haben die Wörter, die mit der Vorsilbe „end-"/„End-" geschrieben werden, gemeinsam? Achte auf die Bedeutung der Wörter und notiere deine Antwort in deinem Deutschheft.**

c. **Bilde aus den Wörtern des obigen Wortkastens, die du nicht in die Sätze von Aufgabe 1.a. einsetzen konntest, Substantive und schreibe diese in dein Deutschheft.**

2. **Lege dir in deinem Deutschheft eine Tabelle nach dem unten abgebildeten Muster an und trage die folgenden Wörter in die passende Spalte der Tabelle ein.**

> En_abrechnung   En_gleisung   En_dreißiger   en_los
> en_flammen   en_halten   En_lauf   En_schädigung   En_lassung
> En_haltestelle   en_rinnen   en_giften   En_deckung

end-/End-	ent-/Ent-

3. a. **Sortiere die Wörter aus dem Wortkasten zu Wortfamilien und schreibe diese in dein Deutschheft.**

> fasten   Volksheld   Fastnacht   Startlinie   anfassen   Fastenkur
> Startbahn   Heilfasten   gefasst   Held   erhalten   Heldentat
> starrten   starten   erstarren   Startposition   hält   Kaltstart   fassten
> Haltestelle   unfassbar   gestartet   Heldin   starrer   Fastenzeit
> aushalten   Leichenstarre   Fassung   Verhalten   Start   Heldendenkmal

b. **Wähle aus dem Wortkasten jeweils die Wörter aus, die gleich klingen, und bilde mit diesen Wörtern Sätze. Schreibe die Sätze in dein Deutschheft.**

4. **Setze in die folgenden Sätze „seit" bzw. „seid" richtig ein und übertrage die Sätze in dein Deutschheft.**

1. _____ ihr euch wirklich sicher, dass das so funktioniert?

2. Wenn ihr klug _____, lasst ihr besser die Finger davon.

3. Er spielt schon _____ vier Jahren Gitarre.

4. Das Gebäude steht schon _____ mehreren Jahren leer.

5. _____ eurer Einschulung _____ ihr in der gleichen Klasse.

V. Euler/A. Reul/V. Tagliente: Deutsch üben Klasse 8

1. a. Schreibe die folgenden Wörter in der richtigen Schreibweise in dein Deutschheft.

> en_lich   en_fernen   En_effekt   En_runde   en_scheiden
> en_sprechend   en_gegen   en_stehen

b. Finde mithilfe eines Wörterbuchs jeweils fünf weitere Wörter mit der Vorsilbe „ent-"/ „Ent-" und „end-"/„End-" und bilde mit diesen Wörtern sinnvolle Sätze. Du kannst auch mehrere dieser Wörter in einem Satz verwenden. Schreibe die Sätze in dein Deutschheft.

2. Finde zu den folgenden Wörtern jeweils vier verwandte Wörter bzw. Wörter aus derselben Wortfamilie und notiere diese in deinem Deutschheft.

> fasten   fassten   Held   hält   starrten   starten   Wahl   Wal

Beispiel: *Schlächter → schlachten, Schlachthof, Schlachtung, Schlacht*
schlechter → schlecht, Verschlechterung, schlechthin, schlechtreden

3. Setze in die folgenden Satzpaare jeweils passende gleichklingende Wörter ein.

1. Du _____ heute Morgen schon wieder verschlafen.

   Er _____ es, wenn er verschläft und deshalb Ärger mit seinem Chef bekommt.

2. Sie _____ den Klassenraum als Letzte.

   Für diese Tat wäre man früher in ein _____ gesperrt worden.

3. An dieser _____ stand früher ein Denkmal.

   Es dauert noch länger, bis die Pferdewirtin alle _____ ausgemistet hat.

4. Das _____ hatte die entscheidende Schlacht verloren.

   Komm ruhig _____, ich tue dir nichts.

4. Setze in die folgenden Sätze „seit" bzw. „seid" richtig ein und übertrage die Sätze in dein Deutschheft.

1. _____ ihr euch wirklich sicher, dass ihr das ausprobieren möchtet?

2. Wenn ihr weiterhin so gut _____, habt ihr eine Chance, den Pokal zu gewinnen.

3. Er trainiert _____ vier Jahren in dieser Mannschaft.

4. _____ eurem letzten Streit _____ ihr nicht mehr gut aufeinander zu sprechen.

Hauptsätze

Hauptsätze sind **vollständige Sätze**, die **für sich alleine stehen können**. Ein Hauptsatz besteht mindestens aus den beiden Satzgliedern **Subjekt und Prädikat**.

Beispiele:
- *Ich telefoniere. (Aussagesatz)*
- *Ich telefoniere mit meiner Freundin. (Aussagesatz)*
- *Telefonierst du mit deiner Freundin? (Fragesatz)*
- *Telefoniere mit deiner Freundin! (Aufforderungssatz)*

Satzreihen

Einen Satz, der **aus mehreren (aneinandergereihten) Hauptsätzen** besteht, bezeichnet man als Satzreihe. Dass es sich weiterhin um Hauptsätze handelt, erkennst du daran, dass die **einzelnen Sätze vollständig** sind, **für sich stehen können** und die **Personalform nicht am Satzende** steht.

Hauptsätze können
- **nur durch ein Komma getrennt** sein.
  Beispiel: *Der Anwalt hatte keine Chance, er war schlecht vorbereitet.*

  → **Schema: HS, HS**

- **durch ein Komma und eine Konjunktion verbunden** sein.
  Beispiel: *Der Anwalt hatte keine Chance, denn er war schlecht vorbereitet.*

  → **Schema: HS, HS**

Bei der **Verknüpfung von Hauptsätzen mit „und" oder „oder"** *kann* ein Komma **gesetzt werden**.

V. Euler/A. Reul/V. Tagliente: Deutsch üben Klasse 8

Satzgefüge

Satzgefüge haben **(mindestens) einen Nebensatz**. Den **Nebensatz** ist **kein vollständiger Satz** und die **Personalform** steht **grundsätzlich am Satzende**. Nebensätze werden meistens **durch eine Konjunktion oder ein Relativpronomen eingeleitet**.

Nebensätze können
- dem Hauptsatz **nachgestellt** werden.
  Beispiel: *Er hat sich keine Gedanken über die möglichen Folgen gemacht, <u>als er nach seinem Passwort gefragt wurde</u>.*

  → **Schema: HS, NS**

- dem Hauptsatz **vorangestellt** werden.
  Beispiel: *<u>Als er nach seinem Passwort gefragt wurde</u>, hat er sich keine Gedanken über die möglichen Folgen gemacht.*

  → **Schema: NS, HS**

- in den Hauptsatz **eingeschoben** werden.
  Beispiel: *Er hat sich, <u>als er nach seinem Passwort gefragt wurde</u>, keine Gedanken über die möglichen Folgen gemacht.*

  → **Schema: HS Teil 1, NS, HS Teil 2**

Nebensätze werden durch ein Komma abgetrennt.

Austauschprobe

Die **Position der Personalform** ist ein wichtiger Hinweis für die Bestimmung von Haupt- und Nebensatz.
Erkennst du nicht gleich, welches Verb die Personalform ist, so kannst du dies mithilfe der **Austauschprobe** herausfinden: Setze hierzu das Subjekt des Satzes vom Singular in den Plural oder umgekehrt und achte darauf, welches Verb sich verändert.

Beispiel: *Als er nach seinem Passwort gefragt wurde.*
→ *Austauschprobe: Als sie nach ihrem Passwort gefragt wurden.*
→ *„wurden" ändert sich* → *„wurden" ist die Personalform*
→ *die Personalform steht am Ende des Satzes* → *Nebensatz*

1. a. Verknüpfe die folgenden Satzpaare mithilfe der in Klammern angegebenen Wörter und schreibe die Sätze in dein Deutschheft. Bei einigen Sätzen musst du einzelne Wörter weglassen oder die Sätze umstellen.

    1. Ich entspanne und höre Musik. Ich hätte eigentlich noch so viel zu tun. (und)

    2. Du kannst es dir nicht vorstellen. Mir ist gestern etwas passiert. (was)

    3. Den Schal habe ich verloren. Ich habe den Schal zu Weihnachten bekommen. (den)

    4. Bring bitte noch den Müll raus. Du fährst zur Schule. (bevor)

    5. Ich habe aufgepasst. Das Glas ist mir aus der Hand gerutscht. (obwohl)

b. Bei einem Satz, den du in Aufgabe 1.a. gebildet hast, muss kein Komma gesetzt werden. Entscheide, um welchen Satz es sich handelt, und begründe deine Entscheidung. Schreibe die Antwort in dein Deutschheft

c. Bestimme bei jedem Teilsatz der in Aufgabe 1.a. gebildeten Sätze die Personalform mithilfe der Austauschprobe. Unterstreiche die Personalform und entscheide dann, ob es sich um einen Nebensatz handelt. Bearbeite die Aufgabe in deinem Deutschheft.

    (Hinweis: Bei einem Teilsatz funktioniert die Austauschprobe nicht.)

d. Bestimme, ob es sich bei den von dir in Aufgabe 1.a. gebildeten Sätzen jeweils um eine Satzreihe oder ein Satzgefüge handelt.

    1. _____   2. _____

    3. _____   4. _____

    5. _____

e. Fertige zu jedem der in Aufgabe 1.a. gebildeten Sätze ein Satzschema an.

    1. _____   2. _____

    3. _____   4. _____

    5. _____

f. Verschiebe die Nebensätze von Satz 4 und 5 aus Aufgabe 1.a. so, dass jeweils alle drei der in dem Kasten angegebenen Satzschemata erfüllt werden. Schreibe die Sätze in dein Deutschheft.

> **1.** HS, NS   **2.** NS, HS   **3.** HS Teil 1, NS, HS Teil 2

V. Euler/A. Reul/V. Tagliente: Deutsch üben Klasse 8

2. a. Lies zunächst nur Text 1 und setze die vier fehlenden Kommas ein.

Text 1: Er lief durch den Wald obwohl es schon dunkel wurde. Es war eine Abkürzung. Eigentlich hätte er längst zu Hause sein sollen aber er hatte nicht auf die Uhrzeit geachtet. Wenn man sich mit Freunden trifft vergisst man schon mal die Zeit. Trotzdem würden seine Eltern verärgert sein das wusste er.

Text 2: Er lief durch den Wald. Es wurde schon dunkel. Es war eine Abkürzung. Eigentlich hätte er längst zu Hause sein sollen. Er hatte nicht auf die Uhrzeit geachtet. Er hatte sich mit Freunden getroffen. Man vergisst schon mal die Zeit. Trotzdem würden seine Eltern verärgert sein. Das wusste er.

b. Lies nun Text 2. Vergleiche dann die beiden Texte. Welcher Text ist deiner Meinung nach besser formuliert und warum? Notiere deine Überlegungen in deinem Deutschheft.

c. Führe den Text fort. Verwende hierbei mindestens fünf der in dem Kasten angegebenen Konjunktionen und achte auf die richtige Kommasetzung. Schreibe den Text in dein Deutschheft.

weil   dennoch   und
deswegen   schließlich   dass
nachdem   falls   während
sooft   wenn

1. a. Verbinde die folgenden Satzpaare mit unterschiedlichen Verknüpfungswörtern, sodass jeweils die in Klammern angegebenen Satzschemata erfüllt werden, und schreibe die Sätze in dein Deutschheft.
Bei einigen Sätzen musst du einzelne Wörter weglassen oder die Sätze umstellen.
Eine Auswahl an Verknüpfungswörtern findest du in dem Kasten.

    1. Ich entspanne und höre Musik. Ich hätte eigentlich noch so viel zu tun. (HS, HS)
    2. Ich nutze Social Communitys. Ich kann es. (HS, NS)
    3. Du kannst es dir nicht vorstellen. Mir ist gestern etwas passiert. (HS, NS)
    4. Den Schal habe ich verloren. Ich habe den Schal zu Weihnachten bekommen.
       (HS Teil 1, NS, HS Teil 2)
    5. Bring bitte noch den Müll raus. Du fährst zur Schule. (HS, NS)
    6. Ich habe aufgepasst. Das Glas ist mir aus der Hand gerutscht. (NS, HS)

    > aber   weil   dennoch   und   deswegen   schließlich   dass   den
    > nachdem   falls   während   obwohl   sooft   wenn   denn   bevor   als

    b. Bestimme bei jedem Teilsatz der in Aufgabe 1.a. gebildeten Sätze die Personalform mithilfe der Austauschprobe. Unterstreiche die Personalform und entscheide dann, ob es sich um einen Nebensatz handelt. Bearbeite die Aufgabe in deinem Deutschheft.
    (Hinweis: Bei einem Teilsatz funktioniert die Austauschprobe nicht.)

    c. Bestimme, ob es sich bei den von dir in Aufgabe 1.a. gebildeten Sätzen jeweils um eine Satzreihe oder ein Satzgefüge handelt.

    1. _____   2. _____

    3. _____   4. _____

    5. _____   6. _____

    d. Wähle zwei der in Aufgabe 1.a. gebildeten Sätze aus und erweitere sie um einen weiteren Haupt- oder Nebensatz. Schreibe die Sätze in dein Deutschheft.

    e. Verschiebe die Nebensätze von Satz 5 und 6 aus Aufgabe 1.a. so, dass jeweils alle drei der in dem Kasten angegebenen Satzschemata erfüllt werden. Schreibe die Sätze in dein Deutschheft.

    > **1.** HS, NS   **2.** NS, HS   **3.** HS Teil 1, NS, HS Teil 2

V. Euler/A. Reul/V. Tagliente: Deutsch üben Klasse 8

2. a. Lies zunächst Text 1 und setze die fehlenden Kommas ein.

Text 1: Er lief durch den Wald obwohl es schon dunkel wurde. Es war eine Abkürzung. Eigentlich hätte er längst zu Hause sein sollen aber er hatte nicht auf die Uhrzeit geachtet. Wenn man sich mit Freunden trifft vergisst man schon mal die Zeit. Trotzdem würden seine Eltern verärgert sein das wusste er.

Text 2: Er lief durch den Wald. Es wurde schon dunkel. Es war eine Abkürzung. Eigentlich hätte er längst zu Hause sein sollen. Er hatte nicht auf die Uhrzeit geachtet. Er hatte sich mit Freunden getroffen. Man vergisst schon mal die Zeit. Trotzdem würden seine Eltern verärgert sein. Das wusste er.

b. Lies nun Text 2. Vergleiche dann die beiden Texte. Welcher Text ist deiner Meinung nach besser formuliert und warum? Notiere deine Überlegungen in deinem Deutschheft.

c. Führe den Text fort. Verwende hierbei mindestens acht Konjunktionen aus dem Kasten von Aufgabe 1.a. und achte auf die richtige Kommasetzung. Schreibe den Text in dein Deutschheft.

Aufzählungen

Aufgezählt werden können sowohl **einzelne Wörter** als auch **ganze Wortgruppen**. Werden **ganze Sätze** aufgezählt, handelt es sich um eine Satzreihe.

Beispiele:
- *Er kam, sah und siegte. (einzelne Wörter)*
- *Heute trug sie eine weiße Bluse, einen schwarzen Rock, schwarze Strümpfe und schwarze Schuhe. (Wortgruppen)*
- *Es wird wärmer, der Sommer macht sich langsam breit und ich freue mich auf die Besuche im Schwimmbad. (Satzreihe)*

Nach einem Doppelpunkt wird nur großgeschrieben, wenn ein **kompletter Satz folgt**.

Beispiele:
- *Sie hatte noch viel zu tun: die Koffer packen, die Adressen ihrer Freunde notieren und ihre Eltern anrufen.*
- *Sie hatte noch viel zu tun: Sie musste die Koffer packen, die Adressen ihrer Freunde notieren und ihre Eltern anrufen.*

Kommasetzung bei Aufzählungen

In **Aufzählungen** werden die **einzelnen Wörter oder Wortgruppen durch Kommas abgetrennt**.

Keine Kommasetzung erfolgt bei Aufzählungen, die mit **und, oder, beziehungsweise, entweder … oder, sowie, sowohl … als auch, sowohl … wie auch, weder … noch, wie** verbunden sind.

Nach der Aufzählung steht **kein Komma, wenn der Satz noch fortgeführt wird**.

Beispiele:
- *Morgen, übermorgen sowie am Wochenende bin ich telefonisch nicht erreichbar.*
- *Morgen und übermorgen sowie am Wochenende bin ich telefonisch nicht erreichbar.*

V. Euler/A. Reul/V. Tagliente: Deutsch üben Klasse 8

Kommasetzung bei Appositionen

Appositionen sind **nachgestellte Wortgruppen**, die das vorher Benannte näher erläutern oder bestimmen. Sie werden **durch Kommas abgetrennt**.

Beispiele:
- *Lady Gaga, <u>die aufgrund ihrer schrillen Outfits stets im Zentrum der Aufmerksamkeit stehende Sängerin</u>, ist ein Idol vieler Jugendlicher.*
  → *eingeschobene Apposition → 2 Kommas*
- *Ein Idol vieler Jugendlicher ist Lady Gaga, <u>die aufgrund ihrer schrillen Outfits stets im Zentrum der Aufmerksamkeit stehende Sängerin</u>.*
  → *angehängte Apposition → 1 Komma*

Beachte!

Manchmal kann nur ein einzelnes **Komma** den **Inhalt bzw. der Bedeutung eines Satzes verändern**.

Beispiel:
- *Wenn Fossi, mein Hund, und ich unterwegs sind, haben wir riesigen Spaß.*
  → *eingeschobene Apposition (schließt mit einem Komma ab → 2 Kommas)*
  → *„mein Hund" ist die Erklärung für „Fossi"*
- *Wenn Fossi, mein Hund und ich unterwegs sind, haben wir riesigen Spaß.*
  → *Aufzählung (da vor „und" kein Komma)*
  → *Fossi und mein Hund und ich sind unterwegs, d. h. Fossi und mein Hund sind zwei verschiedene Personen / Tiere*

V. Euler / A. Reitl / V. Taglieffe: Deutsch üben Klasse 8
© Auer Verlag

1. **a. Der folgende Text enthält einige Aufzählungen und zwei Appositionen. Unterstreiche die Aufzählungen blau und die beiden Appositionen grün.**

> Die Hohensalzburg ist die größte am häufigsten besichtigte und am besten erhaltene Burganlage Europas. Von der Festung erbaut im Jahre 1077 hat der Besucher einen herrlichen Ausblick auf die Stadt umliegende Gemeinden und die gesamte Region Salzburg. Zu sehen sind sowohl der Dom als auch der Residenzplatz die Michaelskirche sowie die Franziskanerkirche.
>
> Die Burgführung gibt es in sieben Sprachen: unter anderem Deutsch Italienisch Französisch und Englisch. Besichtigen kann man die Fürstenzimmer die Folterkammer und den Salzburger Stier die 500 Jahre alte Walzorgel.

b. Schreibe den obigen Text in dein Deutschheft. Setze dabei die fehlenden Kommas ein und füge folgende Information an geeigneter Stelle als Apposition ein.

> die Hohensalzburg ist das Wahrzeichen von Salzburg

c. Formuliere den ersten Satz des obigen Textes so um, dass die Aufzählung zwar erhalten bleibt, aber „kommafrei" wird. Verwende dafür Konjunktionen, bei welchen keine Kommas gesetzt werden dürfen. Schreibe den Satz in dein Deutschheft.

d. Würde man in dem letzten Satz des obigen Textes nach „man" einen Doppelpunkt einfügen, würde man nach dem Doppelpunkt trotzdem klein weiterschreiben. Begründe, warum dies so ist, und schreibe deine Antwort in dein Deutschheft.

2. **Bilde aus den folgenden Wortgruppen mehrere unterschiedliche, sinnvolle Aufzählungen und schreibe diese in dein Deutschheft.**

> Rasen mähen   Laub zusammenkehren   Blumenkästen leeren   Gartenarbeiten
> alle Harry-Potter-Filme   die Biss-Reihe   Avatar   einige Comicverfilmungen

3. **Bilde aus den folgenden Satzpaaren jeweils einen Satz mit einer Apposition und schreibe die Sätze in dein Deutschheft.**

Beispiel: *Mein Vater ist oft beruflich nächtelang unterwegs. Er ist Polizist mit Leib und Seele.*
→ Mein Vater, mit Leib und Seele Polizist, ist oft beruflich nächtelang unterwegs.

1. Diese Schuhe trage ich besonders gern. Sie passen zu jedem Outfit.
2. Bei seinem Deutschlandbesuch war erkennbar, dass Papst Benedikt einen besonderen Bezug zu Deutschland hat. Er war früher Erzbischof von München und Freising.
3. Wir haben deine Lehrerin vorhin im Schwimmbad getroffen. Sie ist seit letztem Jahr auch Direktorin der Schule.

V. Euler/A. Reul/V. Tagliente: Deutsch üben Klasse 8
© Auer Verlag

1. a. **Der folgende Text enthält einige Aufzählungen und zwei Appositionen. Unterstreiche die Aufzählungen blau und die beiden Appositionen grün.**

> Die Hohensalzburg ist die größte am häufigsten besichtigte und am besten erhaltene Burganlage Europas. Von der Festung erbaut im Jahre 1077 hat der Besucher einen herrlichen Ausblick auf die Stadt umliegende Gemeinden und die gesamte Region Salzburg. Zu sehen sind sowohl der Dom als auch der Residenzplatz die Michaelskirche sowie die Franziskanerkirche.
> Die Burgführung gibt es in sieben Sprachen: unter anderem Deutsch Italienisch Französisch und Englisch. Besichtigen kann man die Fürstenzimmer die Folterkammer und den Salzburger Stier die 500 Jahre alte Walzorgel.

 b. **Schreibe den obigen Text in dein Deutschheft. Setze dabei die fehlenden Kommas ein und füge folgende Informationen an geeigneter Stelle als Appositionen ein.**

> die Hohensalzburg ist das Wahrzeichen von Salzburg
> die Michaelskirche ist dem Erzengel Michael geweiht
> der Residenzplatz ist ursprünglich aus Salzachkieselsteinen gestaltet

 c. **Formuliere den ersten Satz des obigen Textes so um, dass die Aufzählung zwar erhalten bleibt, aber „kommafrei" wird. Verwende dafür passende Konjunktionen und schreibe den Satz in dein Deutschheft.**

2. **Bilde aus den folgenden Wortgruppen mehrere unterschiedliche, sinnvolle Aufzählungen und schreibe diese in dein Deutschheft.**

> Rasen mähen   Laub zusammenkehren   Blumenkästen leeren   Gartenarbeiten
> alle Harry-Potter-Filme   die Biss-Reihe   Avatar   einige Comicverfilmungen

3. a. **Der folgende Text soll gekürzt werden. Formuliere dafür einige Sätze zu Appositionen um und schreibe den umformulierten Text in dein Deutschheft.**

> Windows ist ein Betriebssystem des Unternehmens Microsoft. Ursprünglich war Windows eine grafische Erweiterung des Betriebssystems MS-DOS. Windows-Betriebssysteme sind vor allem auf Personal-Computern und -Servern verbreitet. Sie sind mit einem geschätzten Marktanteil von etwa 92 % Marktführer im Bereich der PC-Betriebssysteme. Im Oktober 2012 ist Windows 8 erschienen. Das ist der offizielle Nachfolger von Windows 7.

Aktiv- und Passivsätze

In **Aktivsätzen** ist **der Handelnde das Subjekt**. Das Hauptaugenmerk liegt darauf, **_wer_ etwas tut.**
Beispiel: *Philipp reinigt das Aquarium.*
→ *Wer oder was reinigt das Aquarium?* → *Philipp*

In **Passivsätzen** ist **die Sache, mit der etwas geschieht das Subjekt**. Die Aufmerksamkeit ist weniger auf den Handelnden gerichtet, sondern vielmehr auf die Handlung oder den „Betroffenen" der Handlung.
Beispiel: *Das Aquarium wird (von Philipp) gereinigt.*
→ *Wer oder was wird gereinigt?* → *Das Aquarium*

Passivsätze werden mit der **von der Zeitform geforderten Form des Verbs „werden"** (Hilfsverb) und dem **Partizip Perfekt des jeweiligen Vollverbs** gebildet.

Der Handelnde muss in Passivsätzen nicht unbedingt genannt werden. Er fällt **entweder ganz weg oder** aber er wird in Verbindung mit den Wörtern **„von" oder „durch" beibehalten.**

Beispiel: *Simon streichelt den Hund.*

Der Hund wird (von Simon) gestreichelt.

Verwendung und Wirkung von Aktiv- und Passivsätzen

In der deutschen Sprache sind **Aktivsätze** gebräuchlicher. Sie wirken **lebendig** und sind meist **leicht verständlich.**
Passivsätze werden vor allem dann verwendet, wenn der Handelnde keine große Rolle spielt oder nicht benannt werden kann bzw. soll. Die Sätze wirken meist eher **unpersönlich** und **starr.** Passivsätze finden sich daher häufig **in Vorgangsbeschreibungen**, **Rezepten**, **Gesetzestexten** usw.

Verschiedene Zeitformen in Aktiv- und Passivsätzen

Zeitform	Aktiv	Passiv
Präsens:	Simon streichelt den Hund.	Der Hund wird gestreichelt.
Präteritum:	Simon streichelte den Hund.	Der Hund wurde gestreichelt.
Perfekt:	Simon hat den Hund gestreichelt.	Der Hund ist gestreichelt worden.
Plusquam-perfekt:	Simon hatte den Hund gestreichelt.	Der Hund war gestreichelt worden.
Futur:	Simon wird den Hund streicheln.	Der Hund wird gestreichelt werden.

V. Euler / A. Reul / V. Tagliente: Deutsch üben Klasse 8
© Auer Verlag

1. Um Passivsätze bilden zu können, musst du die verschiedenen Verbformen von „werden" kennen. Fülle die Tabelle vollständig aus.

	ich	du	er/sie/es	wir	ihr	sie
Präsens	ich werde	du wirst				
Präteritum	ich wurde		er/sie/es wurde			
Perfekt	ich bin geworden			wir sind geworden		
Plusquam-perfekt	ich war geworden				ihr wart geworden	
Futur I	ich werde werden					sie werden werden

2 a. Setze alle unterstrichenen Sätze des folgenden Textes ins Passiv und schreibe den umformulierten Text in dein Deutschheft. Beachte, dass der Text im Präsens verfasst ist.

> Ein letztes Mal schaut sie sich um. Es ist niemand da. Durch das Fenster wirft sie einen Blick nach innen, aber sie erkennt nichts. Es ist dunkel. Sie muss es wagen, sonst wäre alles umsonst gewesen. Leise schleicht sie zur Tür und greift nach der Klinke. Kalt und rau liegt sie in ihrer Hand. Langsam drückt sie die Klinke nach unten und schiebt die Tür auf.

Beginne mit: *Ein letztes Mal wird sich umgeschaut.*

b. Beschreibe, wie sich der erzählende Text verändert hat. Wie wirkt er nun auf dich? Notiere deine Überlegungen in deinem Deutschheft.

c. Wähle aus der Tabelle von Aufgabe 1 eine andere Zeitform aus und schreibe den Passivtext, den du in Aufgabe 2.a. geschrieben hast, in dieser Zeitform. Schreibe den Text in dein Deutschheft.

3. a. Formuliere die folgende Anleitung so um, dass sie nur aus Aktivsätzen besteht. Beachte, dass du bei Aktivsätzen Handelnde benötigst. Setze dazu die im folgenden aufgeführten Handelnden an der jeweils passenden Stelle ein. Schreibe die umformulierte Anleitung in dein Deutschheft.

> der Interessent   der User   der Benutzer   der Anbieter

> Auf der Registrieren-Seite werden E-Mail-Adresse und Passwort festgelegt. Nach dem Registrieren wird eine E-Mail an die angegebene Adresse geschickt. Durch Anklicken des Bestätigungslinks wird die Registrierung abgeschlossen. Die Sicherheitsfrage sollte auch ausgewählt werden, denn mit ihrer Hilfe kann leichter nachgewiesen werden, dass man der Inhaber des Kontos ist, falls das Passwort vergessen worden ist.

    b. Welche Textform – ein Text aus Passivsätzen oder aber ein Text aus Aktivsätzen – würdest du bei einem beschreibenden Text bevorzugen? Begründe deine Meinung und schreibe deine Antwort in dein Deutschheft.

4. Die Verwendung von Aktiv- <u>und</u> Passivsätzen kann dir helfen, deinen Satzbau abwechslungsreicher zu gestalten. Beschreibe in fünf Sätzen den Inhalt deines Lieblingsfilms und versuche, dabei bewusst Aktiv- und Passivsätze zu verwenden. Schreibe die Sätze in dein Deutschheft.

V. Euler/A. Reul/V. Tagliente: Deutsch üben Klasse 8

1. a. **Unterstreiche in dem folgenden Text die Sätze, die sich ins Passiv setzen lassen.**

> Ein letztes Mal schaute sie sich um. Es war niemand da. Durch das Fenster warf sie einen Blick nach innen, aber sie erkannte nichts. Es war dunkel. Sie musste es wagen, sonst wäre alles umsonst gewesen. Leise schlich sie zur Tür und griff nach der Klinke. Kalt und rau lag sie in ihrer Hand. Langsam drückte sie die Klinke nach unten und schob die Tür auf.

    b. **Setze die Sätze, die du in Aufgabe 1.a. unterstrichen hast, ins Passiv und schreibe den umformulierten Text komplett in dein Deutschheft. Beachte, in welcher Zeitform der Text verfasst ist.**

2. **Übertrage den folgenden Text ins Passiv und schreibe ihn in dein Deutschheft. Häufig kannst du in Passivsätzen die Handelnden weglassen, um den Text sprachlich ansprechender zu gestalten.**

> Die User legen auf der Registrieren-Seite E-Mail-Adresse und Passwort fest. Nach dem Registrieren schickt der Anbieter eine E-Mail an die angegebene Adresse. Durch Anklicken des Bestätigungslinks schließt der Benutzer die Registrierung ab. Auch sollte er die Sicherheitsfrage auswählen, denn mit ihrer Hilfe kann er leichter nachweisen, dass er der Inhaber des Kontos ist, falls er das Passwort vergessen hat.

3. a. **Beschreibe, wie sich die Texte verändert haben, nachdem sie ins Passiv gesetzt wurden. Wie wirken sie nun auf dich? Notiere deine Überlegungen in deinem Deutschheft.**

    b. **Welche Vorteile bietet die Verwendung des Passivs? Schreibe deine Überlegungen in dein Deutschheft.**

4. **Die Verwendung von Aktiv- und Passivsätzen kann dir helfen, deinen Satzbau abwechslungsreicher zu gestalten. Beschreibe in zehn Sätzen den Inhalt deines Lieblingsfilms und versuche, dabei bewusst Aktiv- und Passivsätze zu verwenden. Schreibe die Sätze in dein Deutschheft.**

Verwendung des Konjunktivs

Der **Konjunktiv** wird vor allem zur **Wiedergabe von Gesagtem** (indirekte Rede) verwendet.

Steht der Sprecher dem Gesagtem **neutral/sachlich** gegenüber, wird der **Konjunktiv I** verwendet. Sollen hingegen **Zweifel an dem Gesagten** zum Ausdruck gebracht werden, wird der **Konjunktiv II** verwendet.

Beispiele:
- *Sie sagt, sie habe gestern keine Zeit für die Hausaufgaben gehabt.*
  → *Konjunktiv I: Es besteht kein Zweifel an der Richtigkeit der Aussage. Es wird keine eigene Meinung/Wertung des Sprechers ausgedrückt.*
- *Sie sagt, sie hätte gestern keine Zeit für die Hausaufgaben gehabt.*
  → *Konjunktiv II: Die Richtigkeit der Aussage wird bezweifelt.*

Der **Konjunktiv II** wird außerdem verwendet, wenn **Wünsche oder Gedankenspiele** formuliert werden.

Beispiel: *Wenn ich auswandern würde, käme für mich nur New York in Frage.*

Bildung des Konjunktivs

Der **Konjunktiv I** wird aus dem **Wortstamm des Infinitivs** gebildet. Der **Konjunktiv II** wird aus dem **Wortstamm des Indikativ Präteritum** gebildet. An den Stamm werden die Konjunktivendungen angefügt. Die Endungen sind in beiden Konjunktiv-Formen gleich.

Indikativ Präsens	Konjunktiv I	Indikativ Präteritum	Konjunktiv II
ich laufe	ich laufe	ich lief	ich liefe
du läufst	du laufest	du liefst	du liefest
er/sie/es läuft	er/sie/es laufe	er/sie/es lief	er/sie/es liefe
wir laufen	wir laufen	wir liefen	wir liefen
ihr lauft	ihr laufet	ihr lieft	ihr liefet
sie laufen	sie laufen	sie liefen	sie liefen

Bildung des Konjunktivs mit „würden"

In Ausnahmen wird der **Konjunktiv mit „würden"** gebildet:

- Wenn sich die **Indikativ- und Konjunktivform gleichen**.
  Beispiel: *wir laufen (Indikativ Präsens)* → *wir laufen (Konjunktiv I)*
  → *wir würden laufen (Konjunktiv I mit „würden")*
- Wenn die **Konjunktivform veraltet klingt**.
  Beispiel: *ich buk (Indikativ Präteritum)* → *ich büke (Konjunktiv II)*
  → *ich würde backen (Konjunktiv I mit „würden")*

V. Euler/A. Reul/V. Taglieber: Deutsch üben Klasse 8

1. a. **Konjugiere die in dem Kasten aufgeführten Verben durch. Erstelle dazu in deinem Deutschheft für jedes Verb eine Tabelle nach dem unten abgebildeten Muster.**

| | | sein | sehen | | lesen | spielen |

	Indikativ Präsens	Konjunktiv I	Indikativ Präteritum	Konjunktiv II
ich				
du				
er/sie/es				
wir				
ihr				
sie				

b. **Unterstreiche in den Tabellen jeweils die Verbformen, die sich in ihrer Indikativ- und Konjunktivform gleichen. Wenn du die Tabelle zuvor korrekt ausgefüllt hast (Aufgabe 1.a.), sind es insgesamt 30 Unterstreichungen.**

 Bei den Verbformen, die du unterstrichen hast, darfst du den Konjunktiv mit „würden" bilden.

c. **Wähle aus den Tabellen vier Konjunktiv-I-Formen aus und bilde mit diesen Formen Nonsens-Sätze. Beachte dabei, wann der Konjunktiv I verwendet wird, und schreibe die Sätze in dein Deutschheft.**

2. **Gib die folgenden Aussagen in indirekter Rede wieder. Überlege, ob die Aussagen der Wahrheit entsprechen könnten oder eher unwahrscheinlich sind, und entscheide dann, welche Konjunktivform du verwenden musst. Schreibe die Sätze in dein Deutschheft.**

   1. „Der LKW überholt das Auto, das mit 70 km/h auf der rechten Spur fährt."
   2. „Wer regelmäßig Fast Food zu sich nimmt, lebt gesünder."
   3. „Die Vorhänge sind aus reinem Gold."
   4. „Noch in diesem Jahr geht die Welt unter."
   5. „In den Ferien fliegen wir bereits zum zweiten Mal nach Spanien."
   6. „Es ist nicht leicht, ohne Schulabschluss einen Ausbildungsplatz zu finden."
   7. „Spürhunde der Polizei finden Waffen, wenn man sie entsprechend ausgebildet."
   8. „Katzen schlafen viel weniger als Menschen."

3. **Beschreibe in zehn Sätzen, wie du dir die Welt in 50 Jahren vorstellst. Benutze dafür unterschiedliche Verben und überlege dir, welche Konjunktivform du verwenden musst. Schreibe die Sätze in dein Deutschheft.**

V. Euler/A. Reul/V. Tagliente: Deutsch üben Klasse 8
© Auer Verlag

1. a. Konjugiere die in dem Kasten aufgeführten Verben durch. Erstelle dazu in deinem Deutschheft für jedes Verb eine Tabelle nach dem unten abgebildeten Muster.

> sein   sehen   schwimmen   fliegen

	Indikativ Präsens	Konjunktiv I	Indikativ Präteritum	Konjunktiv II
ich				
du				
er/sie/es				
wir				
ihr				
sie				

b. Unterstreiche in den Tabellen jeweils die Verbformen, die sich in ihrer Indikativ- und Konjunktivform gleichen. Wenn du die Tabelle zuvor korrekt ausgefüllt hast (Aufgabe 1.a.), sind es insgesamt 18 Unterstreichungen.

 Bei den Verbformen, die du unterstrichen hast, darfst du den Konjunktiv mit „würden" bilden.

2. Gib den folgenden Text in indirekter Rede wieder.

   a. Mache deutlich, dass du den Aussagen neutral gegenüberstehst.
   b. Mache deutlich, dass du dem Sprecher nicht glaubst und seine Aussagen in Zweifel ziehst.

   Schreibe beide Versionen in dein Deutschheft.

> Der Firmensprecher sagte: „Wir sind auf unterschiedlichen Gebieten tätig. So entwickeln wir unter anderem Futter, das von Hunden, Katzen und Menschen gegessen werden kann. Auf diese Weise sparen Tierbesitzer Zeit und Geld, der Einkauf für Tier und Mensch bereitet keine großen Umstände mehr. Die Nahrung wird in großen Beuteln aufbewahrt und ist leicht portionierbar. Doch dies ist nicht alles. Wir erfinden darüber hinaus Nützliches für den Straßenverkehr – wie beispielsweise unsere aufblasbare Rüstung, die man unter normaler Kleidung trägt. Im Falle eines Unfalls aktiviert sie sich selbst und schützt so vor größeren Verletzungen."

V. Euler/A. Reul/V. Tagliente: Deutsch üben Klasse 8
© Auer Verlag

3. In der folgenden Tabelle findest du verschiedene Aussagen zu einem neuen PC-Spiel.
   Schreibe zu diesem Thema einen Bericht für die Schülerzeitung. Beziehe dich dabei auf
   diese Aussagen und überlege genau, welchen Aussagen du skeptisch gegenüberstehst.
   Schreibe deinen Bericht in dein Deutschheft.

Spielehersteller	Bundesprüfstelle für Computerspiele	Spieler
– bereitet auf das „wahre Leben" vor	– Spieler unterschätzen die Spiele oft	– ist unterhaltsam
– ermöglicht das Ausprobieren ungewöhnlicher Situationen	– Fantasie und Realität können nicht mehr getrennt werden → Realitätsverlust	– schult das Verantwortungsbewusstsein
– ist das Geld wert	– ist teuer	– lenkt vom langweiligen Alltag ab
– orientiert sich an den neuesten Sicherheitsvorgaben	– macht süchtig	– schafft neue Freundschaften

4. Beschreibe in zehn Sätzen, wie du dir die Welt in 50 Jahren vorstellst. Benutze dafür
   unterschiedliche Verben und überlege dir, welche Konjunktivform du verwenden
   musst. Schreibe deine Sätze in dein Deutschheft.

V. Euler/A. Reul/V. Tagliente: Deutsch üben Klasse 8
© Auer Verlag

Relativsätze

Relativsätze **beziehen sich auf ein Satzglied des Hauptsatzes und beschreiben es näher**. Sie werden mit einem **Relativpronomen eingeleitet** und mit **Komma vom Hauptsatz abgetrennt.**

Relativpronomen: der/die/das, welcher/welche/ welches, wer, was usw.

Beispiele:
- *Das Mädchen, das den Lesewettbewerb gewonnen hat, ist sehr nett.*

  nähere Beschreibung des Mädchens

- *Ich habe heute einen Jungen gesehen, dessen Haare grün gefärbt waren.*

  nähere Beschreibung des Jungen

Gliedsätze

Gliedsätze sind **eigene Satzglieder.** Sie werden **mit Konjunktionen eingeleitet** (z. B. **solange, seitdem, als, ob, dass, obwohl, weil, wenn usw.**) und wie jeder Nebensatz **mit Komma vom Hauptsatz abgetrennt.**

Subjektsätze lassen sich mithilfe der Frage **„Wer oder was?"**, **Objektsätze** mithilfe der Frage **„Wen oder was?"** identifizieren.

Adverbialsätze werden **mit unterschiedlichen Fragewörtern erfragt**, beispielsweise **„Warum?", „Wann?", „Wie?", „Wo?".**

Beispiele:
- *Es ist richtig, dass die Ausdauer durch Sport verbessert werden kann.*
  → Wer oder was ist richtig? → Subjektsatz
- *Ich wünsche mir, dass die nächste Klassenarbeit besser ausfällt.*
  → Wen oder was wünsche ich mir? → Objektsatz
- *Weil sie ihr Zimmer nicht aufgeräumt hatte, musste sie am Wochenende zu Hause bleiben.*
  → Warum musste sie am Wochenende zu Hause bleiben? → Adverbialsatz

V. Euler/A. Reul/V. Tagliente: Deutsch üben Klasse 8
© Auer Verlag

1. a. In dem folgenden Kasten sind sowohl Konjunktionen als auch Relativpronomen aufgelistet. Unterstreiche die Konjunktionen rot (10) und die Relativpronomen blau (9).

bis	da	der	nachdem	welcher	obwohl	solange	
jenes	deren	dass	den	die	sobald	das	
dem	weil	als	seitdem	dessen			

b. Setze in die folgenden Sätze die Konjunktionen und Relativpronomen des Kastens (Aufgabe 1.a.) richtig ein. Nicht alle Konjunktionen bzw. Relativpronomen werden verwendet, andere aber müssen doppelt verwendet werden.

1. Sie kaufte sich die Handtasche, _____ wir ihr davon abgeraten hatten.

2. _____ ich krank war, habe ich keinen Sport gemacht.

3. Ich möchte nicht, _____ mein Bruder mein Zimmer betritt.

4. Es ist unvorstellbar, _____ sie davon nichts mitbekommen hat.

5. Mein netter älterer Nachbar, _____ ich früher hin und wieder den Rasen gemäht habe, ist in eine andere Stadt gezogen.

6. Ich kann auf eure Katzen aufpassen, _____ ihr aus dem Urlaub zurück seid.

7. Das Programm, _____ ich mir heruntergeladen habe, funktioniert nicht.

8. Ich werde nie reiten, _____ ich Angst vor großen Tieren habe.

c. Überlege dir, wie du nach den einzelnen Nebensätzen aus Aufgabe 1.b. fragen kannst. Schreibe jeweils die Konjunktion bzw. das Relativpronomen und die entsprechende Frage in dein Deutschheft.

d. Nebensätze, die du mit „welche?"/„welcher?"/„welches?" erfragen kannst, sind Relativsätze. Finde in Aufgabe 1.b. die Relativsätze und schreibe sie in dein Deutschheft. Unterstreiche anschließend, auf welches Satzglied sich die Relativsätze jeweils beziehen.

e. Finde in Aufgabe 1.b. die Gliedsätze und schreibe sie in dein Deutschheft. Notiere zu jedem Satz, um welche Gliedsatzart es sich handelt. Deine Fragen aus Aufgabe 1.c. können dir dabei helfen.

2. a. Suche in einem Wörterbuch weitere Konjunktionen und notiere mindestens fünf in deinem Deutschheft.

b. Bilde mit diesen fünf Konjunktionen Sätze. Beachte dabei, dass Nebensätze immer mit Komma abgetrennt werden, und schreibe die Sätze in dein Deutschheft.

1. a. **Lege dir in deinem Deutschheft eine Tabelle nach dem unten aufgeführten Muster an. Trage darin alle Konjunktionen und Relativpronomen ein, die du in den folgenden Sätzen findest.**

   1. Sie kaufte sich die Handtasche, obwohl wir ihr davon abgeraten hatten.
   2. Solange ich krank war, habe ich keinen Sport gemacht.
   3. Ich möchte nicht, dass mein Bruder mein Zimmer betritt.
   4. Es ist unvorstellbar, dass sie davon nichts mitbekommen hat.
   5. Mein netter älterer Nachbar, dem ich früher hin und wieder den Rasen gemäht habe, ist in eine andere Stadt gezogen.
   6. Ich kann auf eure Katzen aufpassen, bis ihr aus dem Urlaub zurück seid.
   7. Das Programm, das ich mir heruntergeladen habe, funktioniert nicht.
   8. Ich werde nie reiten, weil ich Angst vor großen Tieren habe.

Relativpronomen	Konjunktionen

   b. **Ordne folgende Konjunktionen und Relativpronomen in die entsprechende Spalte deiner Tabelle (Aufgabe 1.a.) ein.**

   > da   der   nachdem   welcher   deren   den   die
   > sobald   als   seitdem   dessen   sooft   bevor

   c. **Bilde mit den Konjunktionen aus Aufgabe 1.b. Sätze mit Gliedsätzen und schreibe diese in dein Deutschheft.**

2. a. **Ein Satz kann beliebig viele Glied- und Relativsätze enthalten. Lies dir folgenden Satz genau durch und unterstreiche die Relativsätze rot, die Gliedsätze grün.**

   > Die Frau, die vor kurzem einen kleinen Hund, der zuvor im Tierheim gelebt hatte, aufgenommen hat, da sie sich in ihrem großen Haus, welches ihr Mann vor über 40 Jahren, als die Kinder noch klein waren, gebaut hatte, weil sie schon immer von einem eigenen Heim, in dem man sich frei entfalten kann, geträumt hatten, einsam fühlte, war nun, nachdem sie alles Nötige für den Kleinen besorgt hatte, der kaum im neuen Heim angekommen auf ihrem Schoß eingeschlafen war, obwohl er sie ja kaum kannte, überglücklich.

   b. **Schreibe nur die Gliedsätze aus Aufgabe 2.a. in dein Deutschheft, nummeriere sie durch und bestimme, um welche Gliedsatzart es sich jeweils handelt.**

   c. **„Entschachtle" den komplizierten Satz, indem du aus jedem Nebensatz einen eigenständigen Hauptsatz bildest. Du erhältst so einen Text aus kurzen aneinandergereihten Hauptsätzen. Schreibe die Sätze in dein Deutschheft.**

V. Euler/A. Reul/V. Tagliente: Deutsch üben Klasse 8
© Auer Verlag

Nominalisierung von Verben

Das **Verb ist ein Tätigkeitswort** und wird normalerweise **kleingeschrieben**. In bestimmten Fällen aber kann das **Verb die Aufgabe eines Nomens übernehmen**, d.h. **das Verb wird als Nomen gebraucht** (= Nominalisierung von Verben).
Die Nominalisierung von Verben ist nur **im Infinitiv** möglich. **Nominalisierte Verben werden großgeschrieben**.

Es gibt unterschiedliche **Erkennungszeichen und Signalwörter**, die auf eine Nominalisierung von Verben hinweisen:

- **Vor dem Verb steht ein Artikel.**
  Beispiel: _Das_ _Lesen von Krimis ist eines meiner Hobbys._

- **Vor dem Verb steht ein „versteckter" Artikel.**
  Bei einem versteckten Artikel handelt es sich um eine Zusammenfügung von Präposition und Artikel, z.B. am, beim, zum, im, ans usw.
  Beispiel: _Zum_ _Spielen gehen die Kinder gerne in den Wald._

- **Das Verb steht allein, es könnte jedoch ein Artikel davorgesetzt werden.**
  Beispiel: _Am Sportplatz ist Parken verboten._ → _Am Sportplatz ist_ _das_ _Parken verboten._

- **Vor dem Verb steht eine Präposition.**
  Beispiel: _Durch_ _Ausprobieren findet man häufig die richtige Lösung._

- **Vor dem Verb steht ein Pronomen.**
  Beispiel: _Mein_ _Üben hat sich gelohnt. In der letzten Englischarbeit habe ich besser abgeschnitten._

- **Vor dem Verb steht ein Adjektiv.**
  Beispiel: _Gesundes_ _Essen macht fit._

1. **Setze in die folgenden Sätze das jeweils passende Verb ein und schreibe die Sätze in dein Deutschheft. Achte dabei auf die richtige Schreibweise der Verben.**

> das R/rechnen   sein ständiges S/stören   beim L/lesen
>
> das K/klettern   zum S/schreiben

1. _____ wird von der Lehrerin nicht geduldet.

2. _____ des Praktikumsberichts benötigt sie viel Zeit.

3. _____ bereitet ihr noch große Schwierigkeiten.

4. _____ ist inzwischen eine beliebte Sportart bei Jugendlichen.

5. _____ der Tageszeitung möchte mein Vater nicht gestört werden.

2. **Verbinde die Wörter der rechten Spalte mit den Verben der linken Spalte und bilde mit den Wortpaaren verschiedene Sätze. Schreibe die Sätze in dein Deutschheft und achte dabei auf die richtige Schreibweise der Verben.**

durch		schlafen	
beim		sonnen	
das		essen	
zum		lösen	
ans		schwimmen	
im		laufen	

3. **Formuliere aus den folgenden Sätzen Regeln oder Verbote. Nominalisiere dazu die Verben und schreibe die neu formulierten Regeln bzw. Verbote in dein Deutschheft. Achte dabei auf die richtige Schreibweise der Verben.**

1. Hier darf man nicht angeln.
2. Wenn man das Gelände betritt, geschieht dies auf eigene Gefahr.
3. Hier darf man nicht mit dem Mobiltelefon telefonieren.
4. Man darf nur an dieser Stelle segeln.

V. Euler/A. Reul/V. Tagliente: Deutsch üben Klasse 8
© Auer Verlag

1. **Schreibe die folgenden Satzpaare in dein Deutschheft und achte dabei auf die richtige Schreibweise der hier großgeschriebenen Wörter. Du musst jeweils entscheiden, ob es sich um ein Verb oder um ein Nomen handelt. Achte dazu auf die Signalwörter.**

   1. • Meine Eltern PARKEN unser Auto immer in der Nachbarstraße, da vor unserem

      Haus keine Parkplätze sind.

      • In dieser Straße ist das PARKEN erlaubt.

   2. • Wir treffen uns jeden Freitag zum gemeinsamen KOCHEN.

      • Meine Freundin und ich KOCHEN gerne zusammen.

   3. • Gestern habe ich vergessen, die Hausaufgaben zu machen. Aber mein Freund Willi

      ließ mich heute früh ABSCHREIBEN.

      • Ich weiß, dass man durch ABSCHREIBEN von Hausaufgaben nichts lernt.

   4. • Mein Freund hat sich beim WANDERN den Fuß umgeknickt.

      • Während der Klassenfahrt werden wir sicher wieder viel WANDERN.

   5. • Karla und ich haben das gleiche Hobby – das REITEN.

      • Am Wochenende werden wir wieder auf den Pferdehof fahren und REITEN.

2. a. **In dem folgenden Text sind alle Verben kleingeschrieben. Schreibe den Text in der richtigen Groß- und Kleinschreibung in dein Deutschheft. Achte dazu auf die Signalwörter.**

   ### Badespaß

   Willi und Karl erzählen ihren Freunden von ihrem Besuch im neuen Erlebnisschwimmbad. Willi gerät dabei ins schwärmen. Besonders das rutschen auf der „Lichter-Rutsche" hat ihm großen Spaß gemacht. Karl fand das schwimmen mit den überdimensional großen Schwimmreifen aufregender. Beim springen vom Sprungbrett hätte er sich dann aber beinahe verletzt. Beide aber hatte gestört, dass man beim anstehen an den einzelnen Attraktionen viel Zeit verlor. Zum tauchen im Erlebnisbecken „Karibik" hatten sie dann leider keine Zeit mehr.

   b. **Suche aus dem obigen Text alle nominalisierten Verben heraus und schreibe sie in dein Deutschheft. Notiere auch die jeweiligen Signalwörter.**

Nominalisierung von Adjektiven

Das **Adjektiv ist ein Eigenschaftswort** und wird normalerweise **kleingeschrieben**. In bestimmten Fällen aber kann das **Adjektiv die Aufgabe eines Nomens über-nehmen**, d.h. das Adjektiv wird als Nomen gebraucht (Nominalisierung von Adjektiven). **Nominalisierte Adjektive werden großgeschrieben.**

Es gibt unterschiedliche **Erkennungszeichen und Signalwörter**, die auf eine Nominalisierung von Adjektiven hinweisen:

- **Vor dem Adjektiv steht ein Artikel.**
  Beispiel: *Das Gute im Menschen sollte man fördern.*

- **Vor dem Adjektiv steht ein „versteckter" Artikel.**
  Bei einem versteckten Artikel handelt es sich um eine Zusammenfügung von Präposition und Artikel, z.B. am, beim, zum, im, ans usw.
  Beispiel: *Er hat sein Können zum Besten gegeben.*

- **Das Adjektiv steht allein, es könnte jedoch ein Artikel davorgesetzt werden.**
  Beispiel: *Er ist bei Rot über die Ampel gegangen.* → *Er ist bei dem Rot über die Ampel gegangen.*

- **Vor dem Adjektiv steht ein Mengenwort, z.B. viel, etwas, wenig, nichts, alles, allerlei, manches.**
  Beispiel: *Ich wünsche dir alles Gute zum Geburtstag.*

- **Häufig weisen nominalisierte Adjektive typische Nachsilben auf, z.B. „-heit", „-keit", „-nis", „-ung", „-tum"**
  Beispiele: *Schönheit, Einsamkeit, Finsternis, Heiligtum*

Wortarten zur richtigen Groß- und Kleinschreibung nutzen

V. Euler/A. Reul/V. Tagliente: Deutsch üben Klasse 8
© Auer Verlag

Nominalisierung von Adjektiven

1. **Setze in die folgenden Sätze das passende Adjektiv ggf. mit Artikel ein und schreibe die Sätze in dein Deutschheft. Achte dabei auf die richtige Schreibweise der Adjektive.**

   1. Der Fußgänger hat auf _____ der Ampel

      gewartet.

   2. Jan war beim Sprinten schon immer _____.

   3. _____ gewinnt den Titel.

   4. Bungee-Jumping ist nur für _____.

   5. Unsere Kinder wollen immer _____ haben.

der	mutige
die	grün
	neueste
	schnellste
das	schönste

2. **Bilde mit den folgenden Wörtern Sätze und schreibe diese in dein Deutschheft. Achte dabei auf die richtige Schreibweise der Wörter.**

   > ALLES GUTE   ETWAS WICHTIGES   VIEL NEUES   NICHTS ERFREULICHES
   > ETWAS TOLLES   WENIG SCHÖNES   ETWAS HEISSES   NICHTS KALTES

3. **Schreibe die folgenden Sätze in der richtigen Groß- und Kleinschreibung in dein Deutschheft und unterstreiche die Adjektive, die zu Nomen geworden sind.**

   1. am schluss kehrte sich letztlich doch noch alles zum guten.

   2. die neue war allen sofort sympathisch.

   3. das gelb der sonnenblume ist sehr schön.

   4. er schaffte es, manch störendes zu beseitigen, bevor sie etwas merkte.

4. **Bilde aus den folgenden Adjektiven Nomen und schreibe diese in dein Deutschheft. Wähle hierzu die passende Nachsilbe und füge den Artikel hinzu.**

krank
einsam
heilig
langsam

-tum
-keit
-heit

V. Euler/A. Reul/V. Tagliente: Deutsch üben Klasse 8
© Auer Verlag

1. Vor ein nominalisiertes Adjektiv können – wie bei jedem anderen Nomen auch – ein oder mehrere andere Adjektive gesetzt werden. Entscheide bei den folgenden Beispielen, welche Adjektive jeweils nominalisiert wurden, und schreibe die Beispiele in der richtigen Groß- und Kleinschreibung auf die freien Zeilen.

   1. die blonde, große neue   _____

   2. etwas furchtbar spannendes   _____

   3. die hübsche, dünne kleine   _____

   4. das kurze, kleine schwarze   _____

2. Schreibe die folgenden Sätze in dein Deutschheft und entscheide jeweils, ob das Adjektiv groß- oder kleingeschrieben werden muss.

   1. Zu Weihnachten habe ich etwas TOLLES bekommen.

   2. Diese Aufgabe ist zu LEICHT für ihn.

   3. Wir haben etwas SCHÖNES gebastelt.

   4. Der Läufer war einfach zu LANGSAM.

3. Der folgende Text ist komplett kleingeschrieben. Schreibe den Text in der richtigen Groß- und Kleinschreibung in dein Deutschheft.

   ### gefährlicher ausflug

   gestern fand nun endlich unser seit langem geplanter ausflug in die alte eishalle statt. die eisfläche war voll mit schülern und allen ging es darum, der schnellste zu sein. die lehrer warnten immer wieder aufs eindringlichste, dass wir vorsichtig sein sollen. trotzdem schubsten sich die jungs immer wieder von neuem. schließlich griff eine lehrerin entschlossen ein. sie war von allen die mutigste. doch in diesem moment raste ein schüler von hinten an. er konnte nicht mehr bremsen und fuhr sie um. ich konnte alles nur aus der ferne beobachten. wie wir nun wissen, hat sie sich bei dem schweren sturz den arm gebrochen. bis auf weiteres findet nun kein klassenausflug mehr statt.

V. Euler/A. Reul/V. Tagliente: Deutsch üben Klasse 8
© Auer Verlag

Numerale (Zahlwörter) richtig schreiben

Als **Numerale** bezeichnet man Zahlwörter, die **eine bestimmte oder unbestimmte Zahl, Menge oder einen Rang** angeben.

Man unterscheidet folgende Arten:

1. Ordnungszahlen (Ordinalzahlen): der Erste, der Zweite usw.
Ordnungszahlen können als Nomen auftreten und müssen dann großgeschrieben werden. Achte dazu immer auf die Begleiter.

- **Ordnungszahl mit Artikel**
  Beispiel: *Peter hat schon wieder <u>eine Fünf</u> in Deutsch geschrieben.*

- **Ordnungszahl mit verstecktem Artikel**
  Beispiel: *<u>Zum Fünfzigsten</u> habe ich eine Kreuzfahrt gemacht.*

- **Ordnungszahl mit Pronomen**
  Beispiel: *<u>Jeder Fünfte</u> ist übergewichtig.*

- **Ordnungszahl mit Präposition**
  Beispiel: *<u>Am Fünfzehnten</u> bekomme ich meinen Lohn.*

2. Zahladjektive: viele, wenige, einige usw.
Folgende Zahladjektive werden in all ihren Formen **kleingeschrieben:** (die) vielen, (die) wenigen, (die) meisten, (der, die, das) eine, (der, die, das) andere

3. Bei bestimmten Zahlwörtern ist sowohl Groß- als auch Kleinschreibung möglich:
Beispiele:
- *einige Dutzend Plätzchen/einige dutzend Plätzchen*
- *mehrere Tausend Menschen/mehrere tausend Menschen*

V. Euler/A. Reul/V. Tagliente: Deutsch üben Klasse 8
© Auer Verlag

1. Bilde mit unterschiedlichen Grundzahlen insgesamt fünf Sätze, in welchen die Zahlen in unterschiedlicher Bedeutung verwendet werden. Schreibe die Sätze in dein Deutschheft.

2. Bilde mit unterschiedlichen Ordnungszahlen insgesamt fünf Sätze, in welchen die Zahlen in unterschiedlicher Bedeutung verwendet werden. Schreibe die Sätze in dein Deutschheft.

> Ordnungszahlen:
>
> erstens, zweitens, drittens, ...

3. a. Verbinde die Wörter der linken Spalte mit den Zahlwörtern der rechten Spalte und schreibe die Wortverbindungen in dein Deutschheft. Achte dabei auf die richtige Schreibweise der Wortverbindungen.

ZUM
MEIN
AM
JEDER

FÜNFTE
VIERUNDZWANZIGSTEN
ACHTZEHNTER
ZWANZIGSTEN

   b. Bilde mit den einzelnen Wortverbindungen aus Aufgabe 3.a. Sätze und schreibe diese in dein Deutschheft.

4. Schreibe die folgenden Sätze in der richtigen Groß- und Kleinschreibung in dein Deutschheft.

   1. die frankfurter feierten ihren vierten sieg in folge.

   2. ihr drei seid ein gutes trio.

   3. sie erreichten am ende der saison nur den vorletzten platz, damit stiegen sie als siebzehnter ab.

   4. platz acht ist für sie sehr enttäuschend, da sie immer die erste sein möchte.

   5. jeder neunte leidet unter kopfschmerzen.

V. Euler/A. Reul/V. Tagliente: Deutsch üben Klasse 8
© Auer Verlag

1. Entscheide, ob die Ordnungszahlen in den folgenden Sätzen groß- oder kleingeschrieben werden und schreibe die Sätze in der richtigen Schreibweise in dein Deutschheft. Werden die Ordnungszahlen großgeschrieben, notiere, welches Erkennungszeichen auf die Großschreibung hinweist.

1. Christian hat in Englisch eine EINS geschrieben.

2. Zum DREISSIGSTEN plane ich eine große Feier.

3. Jeder ZWEITE besitzt ein Mobiltelefon.

4. Am SIEBZEHNTEN habe ich Geburtstag.

2. Bilde mit den folgenden Zahladjektiven Sätze und schreibe diese in dein Deutschheft. Achte dabei auf die richtige Schreibweise der Wörter.

> DIE VIELEN   DIE WENIGEN   DIE MEISTEN   DIE EINEN   DIE ANDERE

3. Der folgende Text ist komplett kleingeschrieben. Schreibe den Text in der richtigen Groß- und Kleinschreibung in dein Deutschheft.

> ### mein erstes konzert
>
> da ich in musik nun schon die zweite eins geschrieben habe, lud mich meine mutter als belohnung zu einem musikkonzert ein. ich dachte eigentlich, dass wir gemeinsam dorthin gehen würden, doch meine mutter sagte, dass es doch komisch wäre, wenn eine dreiundvierzigjährige mit ihrem sechzehnjährigen sohn dort auftauchen würde. außerdem wäre ihr musikgeschmack ein anderer. also fragte ich zwei freunde.
>
> das konzert fing um acht uhr an. als wir in der konzerthalle ankamen, waren die meisten bereits auf ihren plätzen, sodass wir uns an ihnen vorbeischlängeln mussten. wir hatten sitzplätze in der fünften reihe. es waren die plätze sieben, acht und neun. von hier aus hatten wir eine gute sicht auf die band und ihren grandiosen auftritt. die vielen menschen in der halle feierten, jeder zweite sang laut mit. nach zwei Stunden war das konzert vorbei und wir machten uns auf den heimweg.

Zeitangaben richtig schreiben

Alle Zeitangaben, die als Nomen verwendet werden, werden großgeschrieben.
Achte dabei vor allem auf die typischen Begleiter von Nomen (Artikel und versteckter Artikel).

Folgende Regeln solltest du dir außerdem merken:

- **Wochentage** werden **großgeschrieben**.
  Beispiele: *Sonntag, Montag, Dienstag*

- **Zusammengesetzte Zeitangaben** werden **groß- und zusammengeschrieben**.
  Beispiele: *Sonntagmittag, Freitagmorgen*

- Bei der **Verbindung von Zeitadverbien und Tageszeiten** werden die **Zeitadverbien kleingeschrieben**, die **Tageszeiten** werden **großgeschrieben**.
  Beispiele: *gestern Abend, heute Morgen*

- **Zeitadverbien** werden **kleingeschrieben**.
  Beispiele: *morgen, heute, gestern*

- **Zeitadverbien mit „-s"** werden **kleingeschrieben**.
  Beispiele: *morgens, mittags, abends*
  ACHTUNG: Die Zeitangaben „eines Tages" oder „eines Morgens" werden großgeschrieben, obwohl die Zeitangaben mit „-s" enden. Es handelt sich hier um den Genitiv.

- **Uhrzeitangaben** werden **kleingeschrieben**.
  Beispiele: *Es ist fünf Uhr. Es ist halb acht.*

V. Euler / A. Reul / V. Tagliente: Deutsch üben Klasse 8
© Auer Verlag

1. Schreibe zu den folgenden Notizen einen kurzen Wochenbericht. Achte dabei auf die richtige Groß- und Kleinschreibung und schreibe den Bericht in dein Deutschheft. Einige Zeitangaben lassen sich auch umformulieren.

Mo. 18:00 Uhr	Fußballtraining
Di. 15:30 Uhr	Konfirmandenstunde
Mi. Nachmittag	Omas Geburtstag → Besuch
Do. 18:00 Uhr	Fußballtraining
Fr. Nachmittag	Shoppingtour mit Mike → Sportkleidung
Sa. Vormittag	Lernen für die Deutscharbeit
Sa. Nachmittag	Schwimmbad
Sa. Abend	Kino mit Freunden
So. ganzer Tag	Ausflug mit den Eltern

2. Verbinde die Zeitadverbien der linken Spalte mit den Tageszeiten der rechten Spalte und schreibe deine Kombinationen in dein Deutschheft. Achte dabei auf die richtige Schreibweise der Wortverbindungen.

HEUTE		MORGEN
GESTERN		MITTAG
MORGEN		ABEND
VORGESTERN		NACHMITTAG

3. Formuliere mit den folgenden Zeitangaben ganze Sätze und schreibe diese in dein Deutschheft.

abends   mittags   morgens   eines Abends   des Morgens

V. Euler/A. Reul/V. Tagliente: Deutsch üben Klasse 8
© Auer Verlag

1. a. **Setze in den folgenden Lückentext die fehlenden Buchstaben ein. Entscheide jeweils, ob das Wort groß- oder kleingeschrieben werden muss, und schreibe den Text in dein Deutschheft.**

> Michael trifft sich fast jeden __achmittag mit Jan, um mit ihm und seiner Band zu proben. Seine Hausaufgaben macht er dann lieber danach, am frühen __bend. Für __orgen haben sie allerdings die Bandprobe abgesagt, da sie noch Vorbereitungen für das Zeltlager am Wochenende treffen müssen. Am __reitag__bend werden sie an den nahegelegenen Baggersee fahren und dort ihre Zelte aufschlagen. Sie wollen am __bend ein Lagerfeuer machen und grillen. In der __acht müssen sie sich dann bei der Feuerwache abwechseln. Am __amstag möchten sie früh __orgens aufstehen und angeln.

b. **Suche aus dem obigen Lückentext (Aufgabe 1.a.) alle Zeitangaben heraus und schreibe sie jeweils in die passende Spalte der Tabelle. Werden die Zeitangaben großgeschrieben, notiere ebenfalls das Erkennungszeichen, das auf die Groß- schreibung hinweist.**

Großschreibung	Kleinschreibung
jeden Nachmittag	für morgen

2. **Schreibe einen kurzen Bericht darüber, was du die letzten beiden Tage erlebst hast und was du für die beiden kommenden Tage geplant hast. Gib dabei die genauen Zeitanga- ben an – Wochentag, Tageszeit, Uhrzeit. Achte auf die richtige Groß- und Kleinschrei- bung der Zeitangaben und schreibe deinen Bericht in dein Deutschheft.**

> Was hast du gestern und vorgestern gemacht?
>
> Was hast du für heute und morgen geplant?
>
> Hast du vielleicht etwas Besonderes vor?

V. Euler/A. Reul/V. Tagliente: Deutsch üben Klasse 8
© Auer Verlag

Eigennamen und Straßennamen richtig schreiben

Eigen- und Straßennamen werden **grundsätzlich großgeschrieben**. Enthalten die Eigennamen **Adjektive oder Numerale** (Zahlwörter) werden **auch diese großgeschrieben**.
Beispiele: *das Rote Kreuz, die Vereinigten Staaten*

Für **Ableitungen von geografischen Eigennamen** gilt Folgendes:

- Ableitungen auf **„-er"** werden **großgeschrieben**.
  Beispiele: *Hamburger Hafen, Münchner Oktoberfest*

- Ableitungen auf **„-isch"** werden **großgeschrieben, wenn sie Bestandteil eines Eigennamens sind**.
  Beispiele: *Römisches Reich, Bayerischer Wald*

- Ableitungen auf **„-isch"** werden **kleingeschrieben, wenn sie als Gattungsbezeichnung dienen**.
  Beispiele: *römische Legionen, bayerische Berge*

V. Euler/A. Reul/V. Tagliente: Deutsch üben Klasse 8
© Auer Verlag

1. **Bilde bekannte Eigennamen. Verbinde hierzu die Adjektive der linken Spalte mit den passenden Nomen der rechten Spalte und ergänze den Artikel. Schreibe die Eigennamen in dein Deutschheft und achte auf die richtige Groß- und Kleinschreibung.**

Adjektiv
SCHWÄBISCHE
ARABISCHE
WEISSE
KASPISCHE
EUROPÄISCHE
FRANKFURTER

Nomen
UNION
MEER
ZEITUNG
ALB
FRÜHLING
HAUS

2. **Bilde mit den folgenden geografischen Eigennamen Sätze und schreibe diese in dein Deutschheft. Achte dabei auf die richtige Groß- und Kleinschreibung.**

> BRANDENBURGER TOR   HAMBURGER HAFEN   THÜRINGER BRATWURST
> PFÄLZER WALD   SÄCHSISCHE SCHWEIZ   FRANKFURTER WÜRSTCHEN

3. **Schreibe die folgenden Wörter in der richtigen Schreibweise in dein Deutschheft.**

> die vereinigten staaten von amerika   das rote kreuz
> der indische ozean   die bayerische tracht   die französische revolution
> das italienische restaurant   harzer käse   karl der große
> der sächsische dialekt   der frankfurter flughafen   die deutsche post

Wortarten zur richtigen Groß- und Kleinschreibung nutzen

V. Euler/A. Reul/V. Tagliente: Deutsch üben Klasse 8
© Auer Verlag

1. Erfinde aus den folgenden Straßennamen eine Wegbeschreibung und schreibe diese in dein Deutschheft. Achte dabei auf die richtige Groß- und Kleinschreibung der Eigen- und Straßennamen.

> Start: altstetter weg
>
> berliner platz   grüner weg   grünberger straße
>
> lessing straße   anneröder siedlung   berger vorstadt
>
> Ziel: autohaus „an der automeile"

2. Die folgende Speisekarte ist komplett kleingeschrieben. Schreibe die Speisekarte in der richtigen Groß- und Kleinschreibung in dein Deutschheft.

regionale und überregionale Spezialitäten

für den kleinen hunger

klare brühe mit leipziger allerlei	3,90 €
thüringer rostbratwurst im brötchen	4,20 €
frankfurter grüne soße	5,80 €

hauptgerichte

pfälzer saumagen mit klößen	8,80 €
forelle nach holsteiner art	11,70 €
münchner schweinebraten mit semmelknödel	9,90 €

dessert

wiener apfelstrudel	4,00 €
schwarzwälder kirschtorte	2,90 €
obstsalat mit mediterranen früchten	3,80 €

getränke

wetzlarer pils	2,50 €
wetterauer apfelsaft	2,20 €
gießener urquelle	1,80 €

Feste Wendungen richtig schreiben

Als Substantiv gebrauchte Adjektive und Partizipien werden in der Regel **groß-geschrieben**.
Beispiele: *im Allgemeinen, im Folgenden*

In **festen Wortgruppen** und in nicht deklinierten **Paarformeln zur Bezeichnung von Personen** gilt **Großschreibung**.
Beispiele: *im Dunkeln tappen, im Trüben fischen, zum Besten geben, außer Acht lassen, für Jung und Alt*

In **festen adverbialen Wendungen aus Präposition und artikellosem, nicht dekliniertem Adjektiv** gilt **Kleinschreibung**.
Beispiele: *durch dick und dünn, über kurz oder lang, von klein auf*

In **festen adverbialen Wendungen aus „aufs" oder „auf das" und Superlativ**, die sich mit „Wie?" erfragen lassen, kann das **Adjektiv groß- oder kleingeschrieben** werden.
Beispiele: *aufs Äußerste / aufs äußerste, aufs Königlichste / aufs königlichste*

Normalerweise wird nach dem versteckten Artikel „am" großgeschrieben. Diese Regelung gilt jedoch nicht, wenn **auf das „am" ein Superlativ folgt**. Der Superlativ wird immer **kleingeschrieben**.
Beispiel: *In Deutsch ist er am besten.*

V. Euler/A. Reul/V. Tagliente: Deutsch üben Klasse 8
© Auer Verlag

Feste Wendungen

1. Bilde mit den folgenden Wendungen Sätze und schreibe diese in dein Deutschheft.
   Achte dabei auf die richtige Groß- und Kleinschreibung.

   IM ALLGEMEINEN   IM GRUNDE   IM FOLGENDEN

   IN KAUF NEHMEN   AUSSER ACHT LASSEN

   VON KLEIN AUF   DURCH DICK UND DÜNN   ÜBER KURZ ODER LANG

   AM LEICHTESTEN   AM STÄRKSTEN

2. Finde die Bedeutung der einzelnen Wendungen heraus und fülle die
   Tabelle aus.

Feste Wendung	Bedeutung der Wendung
ins Reine bringen	
	etwas vorher tun
	nicht im Detail, eher allgemein
beim Alten bleiben	
den Kürzeren ziehen	
	keine Ahnung oder Idee haben

1. **Finde in der folgenden Wörterschlange alle festen Wendungen und schreibe sie in dein Deutschheft. Achte dabei auf die richtige Groß- und Kleinschreibung.**

> zumbestengebenvonkleinaufimallgemeineninsreinebringendenkürzerenziehen
>
> imtrübenfischeninbezugauffürjungundaltdurchdickunddünnvonnahundfern

2. **Setze in die Lücken die passenden Wendungen ein. Achte dabei auf die korrekte Schreibweise der Wendungen und schreibe den Lückentext anschließend in dein Deutschheft.**

> IM ALLGEMEINEN   AUSSER ACHT LASSEN   AM BELIEBTESTEN
>
> DURCH DICK UND DÜNN   VON KLEIN AUF   IM GROSSEN UND GANZEN
>
> AUS NAH UND FERN   IN KAUF NEHMEN

Fußball ist die Sportart, die in Deutschland _____ ist. Die beiden größten und namhaftesten Vereine kommen aus München und Dortmund. Aber auch die Mannschaften aus Bremen und Gelsenkirchen darf man nicht _____. Hartgesottene Fans gehen mit ihren Mannschaften _____. Sie halten zu ihrer Mannschaft, feuern sie an und _____ häufig große Umstände _____, nur um ihre Mannschaft bei einem wichtigen Spiel zu unterstützen. Für ein Spiel ihres Teams reisen sie _____ an. Eiserne Fans, die selbst im Abstiegskampf noch zu ihrer Mannschaft stehen, sind häufig _____ dabei. _____ sind die Fans bei einem Spiel gut gelaunt und friedlich. Manchmal befinden sich jedoch auch Krawallmacher unter ihnen. _____ aber ist der Fußball eine eher friedliche und stimmungsvolle Sportart und Freizeitbeschäftigung.

V. Euler/A. Reul/V. Tagliente: Deutsch üben Klasse 8
© Auer Verlag

Wichtige Hinweise für das Verfassen von Briefen

Der Brief ist eine **schriftliche Mitteilung an einen bestimmten Empfänger, der persönlich angesprochen wird.** Der Brief kann sowohl **privat** als auch für **geschäftliche und offizielle Zwecke** genutzt werden. Das **Anredepronomen „Sie"** schreibt man immer **groß, „du" kann auch kleingeschrieben** werden.

Aufbau eines Briefes:
- Absender
- Anschrift des Empfängers
- Orts- und Datumsangabe (rechtsbündig)
- Betreffzeile (wird in privaten Briefen weggelassen)
- Anrede („Sehr geehrte Damen und Herren, ...")
- Schlussformel („Mit freundlichen Grüßen"; „Viele Grüße")
- Unterschrift

→ Achte insgesamt auch auf die Blattaufteilung, den Rand sowie dein Schriftbild und mache Absätze.

Wichtige Briefarten

Persönlicher Brief
Beispiele: *Glückwünsche*, *Einladungen*, *Entschuldigungen*, *Danksagungen* usw.

Leserbrief
Mit dem Brief wird Stellung zu einem Sachverhalt genommen, ein Appell formuliert, eine Anfrage an einen bestimmten Adressaten gerichtet oder auf einen Artikel geantwortet.

Offener Brief
Der Brief wird an eine bestimmte Person geschrieben, das Anschreiben wird jedoch öffentlich gemacht.

Geschäftlicher (formaler) Brief
Beispiele: *Reklamationen*, *Anschreiben an Behörden*, *Bewerbungsanschreiben*

Setze in den folgenden Lückentext die Pronomen in der richtigen Groß- und Kleinschreibung ein und fülle die weiteren Lücken mit den passenden Formulierungen. Übertrage den Brief anschließend in dein Deutschheft.

Stuttgart, 11.01.2012

_____ : Anschaffung neuer Spielgeräte

_____ Herr Seibert,

als Vertreter der Schülervertretung möchte _____ (ICH) _____ (SIE), als _____ (UNSEREN) Schulleiter, über ein Anliegen informieren, mit dem _____ (WIR) _____ (UNS) seit einiger Zeit beschäftigen.

Als erstes möchte _____ (ICH) _____ (IHNEN) kurz das Problem schildern.

Seit diesem Schuljahr haben _____ (WIR) nun eine Mittagspause von 45 Minuten, bevor die Mittagsbetreuung beginnt. Einige Schülerinnen und Schüler würden diese freie Zeit gerne nutzen, um sich spielerisch etwas zu bewegen, bevor _____ (SIE) den restlichen Nachmittag wieder sitzen müssen. Leider haben _____ (WIR) hierfür jedoch keine geeigneten Spielgeräte. Aus diesem Grund sind _____ (WIR) der Meinung, dass es wichtig wäre, für _____ (UNSERE) Schüler ein kleines Angebot an Spielgeräten anzuschaffen. Die spielerische Bewegung in der Mittagspause würde _____ (IHNEN) guttun und _____ (SIE) könnten sich danach wieder besser konzentrieren.

Deshalb würden _____ (WIR) _____ (SIE) gerne bitten, sich für die Anschaffung neuer Spielgeräte einzusetzen.

Für _____(UNS), die SV, sind solche Anschaffungen leider zu teuer. _____ (WIR) denken, dass _____ (SIE) hier wahrscheinlich mehr Möglichkeiten haben. Vielleicht könnten _____ (SIE) auch den Förderverein fragen, ob dieser _____ (UNSER) Anliegen finanziell unterstützen könnte.

Die Schülervertretung dankt _____ (IHNEN) bereits im Voraus.

_____

Anna Müller

V. Euler/A. Reul/V. Tagliente: Deutsch üben Klasse 8
© Auer Verlag

Du hast telefonisch ein Hotelzimmer reserviert und bekommst nun folgende Reservierungsbestätigung zugeschickt. Lies die Bestätigung durch und schreibe anschließend einen
Antwortbrief an das Hotel, in dem du die Reservierungsdaten bestätigst. Gehe hierzu
auf alle wichtigen Daten ein und beachte die formalen Kriterien eines Briefes.

Hotel Tannenhof
Almweg 8
87538 Fischen im Allgäu

Herr Michael Maier
Maierstraße 88
35390 Maierstadt   Fischen, 11.01.2012

Betreff: Reservierungsbestätigung

Sehr geehrter Herr Maier,

herzlichen Dank für Ihre Buchung. Wir freuen uns sehr, dass Sie sich entschieden haben,
Ihren Urlaub bei uns im Tannenhof zu verbringen.
Folgendes haben wir telefonisch vereinbart:

Anreise:	02.07.2012
Abreise:	05.07.2012
Anzahl der Zimmer:	1 Doppelzimmer, Typ Waldseite
Preis pro Person/Nacht:	EUR 58,00

Bitte bestätigen Sie diese Reservierungsdaten schriftlich bis zum 18.01.2012.

Bitte teilen Sie uns noch mit, ob Sie zusätzlich Frühstück, Halbpension oder Vollverpflegung
buchen möchten. Gerne können Sie die Verpflegung auch noch bei Ihrer Anreise hier vor
Ort buchen.

Wir wünschen Ihnen eine gute Anreise und freuen uns sehr auf Ihren Aufenthalt bei uns im
Tannenhof.

Herzliche Grüße
Ihr Tannenhof-Team

Was ist ein innerer Monolog?

Der **innere Monolog** ist eine Form des Erzählens, in der die **Gedanken einer Person unmittelbar wiedergegeben** werden. Der Leser erfährt so, **was die Person gerade denkt und was sie fühlt**. Die Person spricht sich selbst direkt an, sie fragt sich, macht sich Vorwürfe usw.
Der innere Monolog wird in direkter Rede geschrieben und steht meistens im Präsens.

Beispiel aus „Homo Faber" von Max Frisch:
„[...] Ich glaube nicht an Fügung und Schicksal, als Techniker bin ich es gewohnt, mit den Formeln der Wahrscheinlichkeit zu rechnen. Wieso Fügung? Ich gebe zu: Ohne die Notlandung in Tamaulipas (26.III.) wäre alles anders gekommen; ich hätte diesen jungen Hencke nicht kennengelernt, ich hätte vielleicht nie wieder von Hanna gehört, ich wüsste heute noch nicht, dass ich Vater bin. [...]"

Frisch, Max: Homo Faber. Suhrkamp Verlag, Frankfurt 1977, S. 22

Was ist ein Dialog?

Der Dialog ist eine mündlich oder schriftlich geführte **Rede und Gegenrede zwischen zwei oder mehreren Personen**. Der Dialog ist somit der Gegensatz zum Monolog, bei dem eine Person ein Gespräch mit sich selbst führt.

Regeln für das Verfassen von Monologen oder Dialogen zu Textvorlagen

Wenn du einen inneren Monolog oder einen Dialog zu einer Textvorlage schreibst, solltest du zunächst die **wichtigsten Informationen der Textvorlage herausfiltern**. Diese müssen dann in deinem inneren Monolog bzw. Dialog verarbeitet werden.

Vor allem im inneren Monolog solltest du auch **Gedanken und Gefühle der Person wiedergeben**.
Folgende Fragen können dir dabei helfen:
- Was könnte die Person in der vorgegebenen Situation denken oder fühlen?
- Wie würdest du in einer vergleichbaren Situation handeln?

V. Euler/A. Reul/V. Tagliente: Deutsch üben Klasse 8
© Auer Verlag

Lies den folgenden Text aufmerksam durch.

Schenken statt spenden – „Givebox" erobert die Straßen

Teilen ist das neue Shoppen: In kleinen Holzbuden verschenken Menschen gebrauchte Dinge an ihre Nachbarschaft. In immer mehr Städten begeistern sich Anwohner für die „Givebox" – auch weil sich viele unsicher sind, ob Sachspenden für wohltätige Zwecke tatsächlich immer ihr Ziel erreichen.

Karl Müller strahlt vor Glück. Er hat ein anklemmbares Licht für sein Fahrrad geschenkt bekommen – von wem, weiß er allerdings nicht, denn er hat die Beleuchtung in einer „Givebox" gefunden, einer Art begehbarem Kleiderschrank am Straßenrand.

In diesen ungefähr telefonzellengroßen Buden kann jeder seinen aussortierten Hausrat anonym verschenken. Alte Regenjacken, Lexika, Schallplatten, Kaffeetassen und Küchengeräte warten in den Allround-Geschenke-Buden auf neue Besitzer. Wer etwas in dieser unerschöpflichen „Gabenkiste" entdeckt, das ihm gefällt, darf es ohne Gegenleistung mitnehmen.

Karl Müller zieht die Sachspenden der „Givebox" den Spenden für wohltätige Zwecke klar vor, denn hinter manch einer nach außen hin noch so seriösen Spendenaktion verberge sich letztlich doch ein gewerblicher Sammler, der beispielsweise die als Spende gegebene Altkleidung noch für „kleines Geld" verkaufe.

1. **Unterstreiche in dem Text die Begriffe, die dir unklar sind, und schlage ihre Bedeutung in einem Wörterbuch nach. Schreibe die Begriffe sowie ihre Bedeutung in dein Deutschheft.**

2. **Notiere Vor- und Nachteile der „Givebox" einerseits sowie der Spende für wohltätige Zwecke andererseits. Erstelle pro Auflistung eine Tabelle in deinem Deutschheft.**

3. **Stelle dir vor, Karl Müller trifft Hans Meier, den Vertreter einer wohltätigen Spendenorganisation. Sie unterhalten sich über das „Givebox"-Modell. Schreibe den Dialog in dein Deutschheft.**

Lies den folgenden Text aufmerksam durch.

Erziehungscamps als Chance?

Das Erziehungscamp auf Gut Kragenhof bei Kassel ist bisher einmalig in Deutschland. Lothar Kannenberg, der einst selbst im kriminellen Milieu lebte, führt hier mit eiserner Hand junge Straftäter zurück in ein geregeltes Leben. Schwer Erziehbare, von Eltern, Lehrern und Sozialarbeitern aufgegeben, lernen hier zum ersten Mal Regeln. Ein Aufenthalt dauert meist sechs Monate. Bis dahin müssen die Jugendlichen Strukturen erlernen, damit sie im Leben zurechtkommen. Pünktlichkeit lohnt sich, denn für den, der nicht pünktlich ist, gibt es eben kein Frühstück oder Mittagessen. Respekt, Disziplin, Ausdauer – alles wird hier hautnah erfahren. An nahezu jeder Hamburger Schule gibt es heute Schüler, deren Weg auf die schiefe Bahn vorgezeichnet ist. Sie wachsen ohne Regeln und ohne Halt in ihren Familien auf. Schlagende Väter sind dabei ein problematisches Vorbild. Aus dem traditionellen Männlichkeitskonzept in ihrer Kultur leiten zum Beispiel manche männliche türkischstämmige Jugendliche das Recht her, handgreiflich werden zu dürfen. So auch Ahmed (Name geändert). Er grinst, denn es macht ihm nichts aus, dass er täglich aus dem Unterricht fliegt. Dieses Mal hat er einer Mitschülerin ins Gesicht geschlagen. „Was guckt die auch so?" Einen Grund findet der 14-Jährige immer. Er stört nicht nur den Unterricht und belästigt die Mädchen, er ist ein Schläger. Auch an dieser Schule vergeht kein Tag, an dem er nicht beim Schulleiter landet. Der Junge ist im Klassenverband nicht zu beschulen. Manche haben Angst vor ihm, andere fühlen sich durch seine kriminelle Energie angeregt.

Im Rahmen von Rebus (Regionale Beratungs- und Unterstützungsstelle) wurde Ahmed stundenweise extern betreut. Es nützte wenig, denn in den nächsten Stunden trieb er wieder in der Klasse sein Unwesen. Noch keiner Schule ist die Zusammenarbeit mit Ahmeds Mutter gelungen. Als alleinerziehende Mutter ohne den Rückhalt einer Familie wird sie in ihrem Umfeld gesellschaftlich ausgegrenzt. Damit ist sie überfordert. Auf ihren Sohn hat sie keinen Einfluss.

Aber Ahmed ist nur einer von vielen. Er könnte auch Alexej, Dragan oder Peter heißen und aus anderen Verhältnissen sein. Sie können dafür sorgen, dass eine ganze Klasse nicht zu ihrem Recht auf Lernen kommt. Für Schüler, die nicht integrierbar sind, gibt es im Hamburger Schulsystem keinen Platz. Deshalb werden sie von Schule zu Schule weitergereicht, bis ihre neun Schulbesuchsjahre erfüllt sind. Ohne Abschluss gehen die meisten dann noch ins Berufsvorbereitungsjahr. Aber nur wenige schaffen hier die Umkehr.

V. Euler /A. Reul /V. Tagliente: Deutsch üben Klasse 8
© Auer Verlag

Muss eine Stadt wie Hamburg sich nicht besser um ihre Kinder kümmern?

Maßnahmen wie sprachliche Frühförderung und eine gute Erziehung in den Kindertagesheimen sind ein erster Schritt. Sie helfen, die sozialen Nachteile, speziell der Migrantenkinder, von vornherein deutlich abzubauen. Aber wir müssen auch nach Wegen suchen, wie wir Kindern helfen können, die zu Hause nicht erzogen werden.

Manchem Jugendlichen bliebe wahrscheinlich der Weg in die Kriminalität erspart, wenn er schon früh die Chance hätte, Grenzen kennen und Regeln einhalten zu lernen. Wer mit den Folgen seines Handelns konfrontiert wird, lernt sich zu kontrollieren. Menschen, die Konflikte aushalten, statt wegzulaufen, lernen auch mit Worten umzugehen, statt zuzuschlagen. Vielleicht sollten auffällige Kinder und Jugendliche in überschaubaren Gruppen eines Erziehungscamps nachholen dürfen, was ihre Eltern versäumt haben? Hier könnten manche zum ersten Mal Verlässlichkeit erfahren.

Brauchen wir solche mutigen, neuen Ansätze für mehr Chancen? Sollten wir für schwierige Fälle wie Ahmed ein Erziehungscamp wie den Kragenhof in Hamburg einrichten? Ich vermute, die erste Gruppe wäre schnell komplett …

1. **Unterstreiche in dem Text die Begriffe, die dir unklar sind, und schlage ihre Bedeutung in einem Wörterbuch nach. Schreibe die Begriffe sowie ihre Bedeutung in dein Deutschheft.**

2. **Nenne Vor- und Nachteile von Erziehungscamps. Erstelle hierzu eine Tabelle in deinem Deutschheft.**

3. **Stelle dir vor, du müsstest in einem Erziehungscamp bleiben. Du hast keinen Kontakt zu deiner Familie, zu Freunden oder Bekannten. Welche Gedanken und Gefühle gehen dir durch den Kopf? Schreibe einen Tagebucheintrag in dein Deutschheft.**

Geschichten fortsetzen

Ein Text kann auf unterschiedliche Weise fortgeführt werden. Einige Regeln sollten jedoch eingehalten werden:

- Orientiere dich an dem Ausgangstext und **führe die Geschichte sinnvoll und logisch fort**. Es darf nichts völlig Neues geschrieben werden.

- Halte die Gliederung **Einleitung, Hauptteil, Schluss** ein und **baue die Handlung logisch auf**.

- Baue einen **Spannungsbogen mit Höhepunkt im Hauptteil** auf.

- Versuche, dich gut **in die Figuren der Geschichte hineinzuversetzen**, um ihre Gefühle und Gedanken darstellen zu können.

Geschichten erfinden

- **Achte auf das gestellte Thema** und verliere es nicht aus den Augen.

- Gliedere die Geschichte in **Einleitung, Hauptteil** und **Schluss** und **baue die Handlung logisch auf**.

- Baue einen **Spannungsbogen mit Höhepunkt im Hauptteil** auf.

- Versuche, die **Gedanken, Gefühle und Empfindungen der Figuren** darzustellen und für den Leser nachvollziehbar zu machen.

Wichtige Tipps zum Schreiben einer Erzählung

- Verwende **wörtliche Rede**. Achte dabei auf die Zeichensetzung der wörtlichen Rede.

- Verwende **treffende und ausdrucksstarke Adjektive und Verben**.

- **Vermeide** unnötige **Wortwiederholungen**.

- Gestalte die **Satzanfänge abwechslungsreich**.

- Gib deiner Geschichte eine **interessante Überschrift**, die neugierig macht, aber nicht zu viel vorwegnimmt.

V. Euler/A. Reul/V. Tagliente: Deutsch üben Klasse 8
© Auer Verlag

Aufsatzthema: „Auf einer einsamen Insel"

1. Sammeln

Konzentriere dich auf das Thema „Auf einer einsamen Insel" und schreibe alle Stichpunkte, die dir dazu einfallen, in dein Deutschheft. Hierfür hast du zwei Minuten Zeit. Wichtig ist, dass du jeden Gedanken, der dir in den Sinn kommt, notierst.

2. Planen

a. Stelle dir die Situation „Auf einer einsamen Insel" genau vor und schreibe folgende Fragen auf kleine Zettel.

- *Wo könnte deine Geschichte spielen?*
- *Welche Personen kommen vor?*
- *Was denken und fühlen die Personen?*
- *Wie ist es zu der Situation gekommen?*
- *Was ist der spannendste bzw. interessanteste Augenblick?*
- *Wie könnte deine Geschichte enden?*

b. Beantworte die Fragen und schreibe die Antworten auf die entsprechenden Fragezettel.

c. Überlege dir, ob du deine Geschichte in Ich-Form oder in Er-Form schreiben willst.

3. Schreiben

Schreibe nun mithilfe deiner Stichpunkte sowie der Fragezettel eine spannende Geschichte. Achte dabei auf die Rechtschreibung, Zeichensetzung und die sprachlichen Merkmale einer Erzählung und schreibe die Geschichte in dein Deutschheft.

4. Überprüfen

Lies dir deine Geschichte durch und überprüfe, ob sie logisch aufgebaut ist und ob du die Tipps zum Schreiben einer Erzählung eingehalten hast.

Lies das folgende Gedicht aufmerksam durch.

Georg Britting: Sommersonntag in der Stadt

Leer sind die Straßen im Sonntagswind,
Die Menschen hat es ins Freie getrieben,
Nur die weißen Wolken sind
Treu über der Stadt geblieben.

Die Häuser stehen wie unbewohnt,
Alles sucht draußen das Glück:
Einen Weg durch den Wald, einen Fußpfad durchs Korn,
Eine Stunde im Dorf, einen Rittersporn,
In der kühlschwarzen Schlucht einen silbernen Born,
Von der Welt ein glänzendes Stück!

Und kommen die Schatzsucher abends zurück,
Bestaubt und vom Sehen satt,
Hängt zwischen den Dächern der goldene Mond
Unbedacht über der Stadt.

---

1. **Sammeln**

   Was fällt dir zu dem Thema „Sommersonntag" ein? Schreibe all deine Gedanken in Stichworten in dein Deutschheft. Wichtig ist, dass du jeden Gedanken, der dir in den Sinn kommt, notierst.

2. **Planen**

   Stelle dir die Situation „Sommersonntag" vor und plane eine Geschichte in Ich-Form. Überlege dir hierzu, wo deine Geschichte spielen könnte, welche Personen vorkommen, was der spannendste bzw. interessanteste Augenblick ist, wie es dazu kommt und wie die Geschichte endet. Notiere deine Überlegungen stichpunktartig in deinem Deutschheft.

3. **Schreiben**

   Schreibe nun mithilfe deiner Stichpunkte eine spannende Geschichte. Achte dabei auf die Rechtschreibung, Zeichensetzung und die sprachlichen Merkmale einer Erzählung und schreibe die Geschichte in dein Deutschheft.

4. **Überprüfen**

   Lies dir deine Geschichte durch und überprüfe, ob sie logisch aufgebaut ist und ob du die Tipps zum Schreiben einer Erzählung eingehalten hast.

V. Euler/A. Reul/V. Tagliente: Deutsch üben Klasse 8
© Auer Verlag

Zu Bildern eine Geschichte schreiben

Bevor du beginnst, eine Geschichte zu einem Bild zu schreiben, musst du prüfen, um **welche Art von Bild** es sich handelt: Zeichnung, Karikatur, Foto usw.
Beschreibe zunächst ganz **objektiv und sachlich**, was auf dem Bild zu sehen ist und schreibe die Stichpunkte auf. Im nächsten Schritt notierst du dir, welche **Gefühle und Gedanken das Bild bei dir auslösen**. In deiner Geschichte solltest du dann einen **Bezug zu dem Bild herstellen**. Du solltest die **Geschichte** so **anschaulich erzählen**, dass man den Inhalt und die Aussage des Bildes erkennt, auch wenn man das Bild nicht kennt.

Beachte beim Schreiben außerdem die allgemeinen Erzähltipps:

- Verwende **wörtliche Rede**. Achte dabei auf die Zeichensetzung der wörtlichen Rede.

- Verwende **treffende und ausdrucksstarke Adjektive und Verben**.

- **Vermeide** unnötige **Wortwiederholungen**.

- **Gestalte die Satzanfänge abwechslungsreich.**

- Gib deiner Geschichte eine **interessante Überschrift**, die neugierig macht, aber nicht zu viel vorwegnimmt.

Zu Karikaturen eine Geschichte schreiben

Eine Karikatur ist eine **überspitzt gezeichnete Darstellung**, die meist aus einer bestimmten Perspektive **Kritik an gesellschaftlichen Problemen** übt. Eine Karikatur wirkt durch ihre **übertriebene Darstellungsart oft witzig**. Sie soll jedoch nicht nur witzig sein, sondern vor allem **provozieren und den Betrachter zum Nachdenken anregen**.
Aus diesem Grund ist es bei einer Karikatur besonders **wichtig**, **dass du die Wirkungsabsicht des Künstlers erkennst** und in deine Geschichte einfließen lässt.

Träume am Strand

1. Sieh dir das Bild genau an. Beschreibe, was du sehen kannst, und notiere dir dazu Stichpunkte in deinem Deutschheft.

2. Stelle dir vor, du liegst in der Hängematte. Beschreibe deine Gefühle und Gedanken und schreibe diese in dein Deutschheft.

3. Schreibe zum Bild „Träume am Strand" eine Geschichte. Schreibe in der Ich-Form und überlege dir, was du Spannendes, Merkwürdiges oder Unerwartetes erleben könntest? Schreibe deine Geschichte in dein Deutschheft.

V. Euler / A. Reul / V. Tagliente: Deutsch üben Klasse 8
© Auer Verlag

Biosprit vernichtet Menschenleben

1. Beschreibe in einem Satz das erste Gefühl, das du beim Anblick der Karikatur hast.

2. Welches Problem wird in der Karikatur überspitzt dargestellt? Beziehe dich dabei auch auf die Überschrift und schreibe deine Überlegungen in dein Deutschheft.

3. Was könnte dem Jungen auf der Karikatur durch den Kopf gehen? Notiere deine Ideen in deinem Deutschheft.

4. Welche Wirkung soll die Karikatur bei dem Betrachter erzielen? Welche Einstellung soll er übernehmen? Schreibe deine Überlegungen in dein Deutschheft.

5. Überlege dir eine Geschichte zu dem Thema „Biosprit vernichtet Menschenleben" und schreibe diese in dein Deutschheft.

V. Euler/A. Reul/V. Tagliente: Deutsch üben Klasse 8
© Auer Verlag

Das Bewerbungsanschreiben – formaler Aufbau

Der formale Aufbau des Bewerbungsanschreibens ist weitgehend normiert.

Absender: Name, Adresse, Telefonnummer, E-Mail-Adresse.
Der Absender steht links oben.

Empfänger: Firmenname, Name des Ansprechpartners, Adresse der Firma.
Der Empfänger steht sechs Leerzeilen unter dem Absender.

Ort, Datum: Wohnort des Absenders, aktuelles Datum.
Ort und Datum stehen rechts oben, auf der gleichen Zeile wie der Name des Absenders.

Betreffzeile: Nennung des Anliegens (z. B. „Bewerbung für einen Ausbildungsplatz als …“).
Die Betreffzeile beginnt sechs Leerzeilen unter dem Empfänger.

Bezugzeile: Angabe, woher man von dem Stellenangebot weiß (z. B. Zeitung, Internet, Agentur für Arbeit).
Die Bezugzeile folgt meist direkt auf die Betreffzeile.

Anrede: Die zuständige Person, an die das Anschreiben gerichtet ist, wird persönlich angesprochen („Sehr geehrte Frau XY"/„Sehr geehrter Herr XY").
Die Anrede folgt drei Leerzeilen nach der Betreffzeile/Bezugzeile.

Bewerbungstext: Der Bewerbungstext ist das „Herzstück" der Bewerbung. In diesem Text musst du folgende Fragen beantworten:
- Warum hast du dich für diesen Ausbildungs-/Praktikumsplatz entschieden?
- Wie alt bist du? Wann verlässt du welche Schule mit welchem Abschluss?
- Wo und wie hast du dich über das Berufsbild und den Betrieb informiert?
- Welche Voraussetzungen (Fachkompetenzen und Schlüsselqualifikationen) und berufliche Erfahrungen (Praktika, Zertifikate) bringst du für diesen Ausbildungs-/Praktikumsplatz mit?

Der Text beginnt eine Leerzeile nach der Anrede.

Bitte: Der Bewerbungstext wird mit der höflichen Bitte um eine Einladung zu einem Vorstellungsgespräch beendet.
Die Bitte folgt eine Leerzeile unter dem Bewerbungstext.

Grußformel: Als höfliche Verabschiedung wird „Mit freundlichen Grüßen" verwendet.
Die Grußformel beginnt eine Leerzeile nach der Bitte.

Unterschrift: Das Anschreiben muss handschriftlich unterschrieben werden.

Anlagen: Als Anlagen werden Lebenslauf mit Foto, Zeugnisse, Bescheinigungen angefügt.
Die Auflistung der Anlagen folgt vier Leerzeilen nach der Unterschrift (je nach Platz).

Schreibe das Bewerbungsanschreiben mit dem Computer.

V. Euler/A. Reul/V. Tagliente: Deutsch üben Klasse 8
© Auer Verlag

Absender ☐   Ort, Datum ☐

¶
¶
¶
¶
¶
¶

Empfänger ☐

¶
¶
¶
¶
¶

Betreffzeile/Bezugzeile ☐

¶
¶
¶

Anrede ☐

¶

Bewerbungstext

¶

Bitte ☐

¶

Grußformel ☐

¶

Unterschrift ☐

¶
¶
¶

Anlagen ☐

Das Bewerbungsanschreiben – sprachliche Besonderheiten

Mit deinem Bewerbungsanschreiben versuchst du nicht nur, den Empfänger neugierig zu machen, sodass er mehr von dir erfahren möchte, sondern auch ihn von dir und deinen Fähigkeiten zu überzeugen.

- Versuche, dich **sprachlich klar und präzise auszudrücken** und **allgemeine Formulierungen zu vermeiden**. Die Formulierung „Umgang mit dem Computer" ist beispielsweise zu allgemein. Benenne vielmehr die Computerprogramme, die du häufig verwendest und mit denen du umgehen kannst.
- Versuche, **deine Fähigkeiten mit dem geforderten Berufsprofil in Verbindung zu bringen**.
- Achte auf die **Großschreibung der Anredepronomen**.

1. **Lies die folgenden Sätze aus unterschiedlichen Bewerbungsanschreiben durch und überlege dir, wie man diese besser formulieren könnte. Schreibe deine Formulierungsvorschläge in dein Deutschheft.**

   1. In meiner Freizeit beschäftige ich mich auch gerne mit meinem Computer.
   2. Dass mein Sozialverhalten als ungenügend bewertet wird, habe ich einer Prügelei zu verdanken, für die ich aber nichts konnte.
   3. Da ich ein zweiwöchiges Praktikum als Floristin erledigt habe, habe ich darin Erfahrung.
   4. Ich glaube, dass ich ein verantwortungsbewusster Mensch bin.
   5. Laden Sie mich bitte zu einem Vorstellungsgespräch ein.

2. **a. Bringe die folgenden Angaben zum Aufbau eines Bewerbungsanschreibens in die richtige Reihenfolge. Nummeriere die Angaben entsprechend durch.**

   ___ Bewerbungstext ___ Anlagen ___ Unterschrift ___ Anrede ___ Empfänger

   ___ Grußformel ___ Ort, Datum ___ Absender ___ Betreff-/Bezugzeile

   b. Erkläre die Begriffe „Betreffzeile" und „Bezugzeile". Schreibe jeweils eine Definition in dein Deutschheft.

3. **Beurteile das Bewerbungsanschreiben von Stefan Glück. Untersuche dabei sowohl den Inhalt als auch die Sprache und notiere in deinem Deutschheft mindestens vier Verbesserungsvorschläge.**

> **Bewerbung für einen Praktikumsplatz in Ihrer Firma**
>
> Sehr geehrte Damen und Herren,
>
> gern möchte ich ein dreiwöchiges Praktikum, vom 23.04.2013 bis 14.05.2013, bei Ihnen beginnen.
> Zurzeit besuche ich die achte Realschulklasse an der Rudolf-Teichmann-Gesamtschule in Friedensberg. In meiner Freizeit beschäftige ich mich gerne mit gestalterischen Tätigkeiten und handwerklichen Arbeiten rund um unseren Hof und Garten. Bei einem handwerklichen Fähigkeitstest in der Schule wurde meine Eignung für eine Tätigkeit in diesem Beruf festgestellt. In meiner Freizeit lese ich gerne Krimis, gehe mit Freunden ins Kino oder fahre mit meinem Roller durch die Gegend.
>
> Über eine Einladung zu einem netten Gespräch würde ich mich außerordentlich freuen.
>
> MfG
> *Stefan Glück*

V. Euler/A. Reul/V. Tagliente: Deutsch üben Klasse 8
© Auer Verlag

1. **Überprüfe das folgende Bewerbungsanschreiben auf Inhalt, Sprache und Ausdruck sowie auf Rechtschreibfehler. Markiere die fehlerhaften oder unpassenden Wörter bzw. Textstellen und kommentiere die Fehler in deinem Deutschheft.**

Bewerbung um einen Ausbildungsplatz

Sehr geehrte Damen und Herren,

Mit großem Interesse habe ich an einem sonnigen Samstag durch ihre Anzeige in der „Kleeblatttaler Tageszeitung" erfahren, dass sie einen freien Platz als Friseurin zum 9.08.2013 anbieten. Hiermit bewerbe ich mich. Ich möchte gerne meine privaten Erfahrungen mit Styling und Typberatung weiterführen. Aus diesem Grund sende ich Ihnen meine Bewerbungsunterlagen zu. Im Juli 2013 absolviere ich an der Friedrich-Ernst-Gesamtschule in Kleeblatttal meinen Realschulabschluss.
Im Rahmen eines zweiwöchigen Betriebspraktikums im achten Schuljahr habe ich in das Berufsbild der Kosmetikerin Einblicke ergattert. Ich war in vielen Bereichen tätig.
Ich finde es schön, mich mit Menschen während der Arbeit unterhalten zu können. Das stärkt die Teamarbeit. Meine Mutter sagt, dass ich handwerklich begabt bin und mich immer motivieren kann, neue Dinge zu lernen. In meiner Freizeit verpasse ich gerne meinen Freundinnen eine neue, ausgeflippte Frisur. Natürlich schminke und style ich mich auch selbst, besonders wenn ich feiern gehe.

Mich würde es schwer begeistern, wenn Sie mich zu einem Vorstellungsgespräch einladen würden.

Ihre
Amelie B.

---

2. a. **Entwirf mit dem Computer ein vollständiges Bewerbungsanschreiben zu folgender Stellenanzeige. Angaben, die in der Stellenanzeige nicht genannt sind, kannst du dir selbst überlegen.**

»Blütenpracht«

Für unser Team suchen wir umgehend interessierte Schüler / -innen für ein zweiwöchiges

Praktikum als Gärtner/in in unserer Gärtnerei.

Wir erwarten: Zuverlässigkeit, Teamarbeit, handwerkliches Geschick, gutes Stil- und Farbbewusstsein, Freude am Kundenkontakt und eine gute Gesundheit

Kontakt: Gärtnerei „Blütenpracht"
z. Hd. Frau Finkmann, Geschäftsleitung
Seeweg 30, 35999 Sonnenberg
Telefon: 879/335511

---

b. **Suche dir eine Stellenanzeige aus der Zeitung aus und schreibe ein weiteres Bewerbungsanschreiben.**

Die Inhaltsangabe –
das Wesentliche eines Textes mit eigenen Worten wiedergeben

Die Inhaltsangabe gibt **das Wesentliche** eines Textes **kurz, aber dennoch genau** wieder.
Um das Wesentliche eines Textes zu erfassen, solltest du den Text zunächst aufmerksam durchlesen und **schwierige Textstellen sowie unbekannte Wörter klären**.

Die Inhaltsangabe ist in die drei Teile **Einleitung, Hauptteil und Schluss** gegliedert.

Einleitung: Die Einleitung nennt der Reihenfolge nach die **Textart,** den **Titel,** den **Autor,** das **Erscheinungsjahr** (wenn bekannt) und das **zentrale Thema** des Textes. All diese Angaben sollten möglichst in einem Satz (**Kernsatz/Einleitungssatz**) zusammengefasst werden.

Hauptteil: Im Hauptteil wird die Handlung/das Geschehen ausführlicher dargestellt und es werden die **W-Fragen** beantwortet.
- **Welche Personen** sind an der Handlung beteiligt?
- **Wie** stehen die einzelnen Personen zueinander?
- **Wann** und **wo** spielt die Handlung?
- **Was** geschieht?
- **Wie** und **warum** geschieht etwas?
- **Welche Folgen** hat die Handlung/das Ereignis?
- **Aus welcher Perspektive** wird das Geschehen erzählt?

Schluss: Im Schlussteil werden noch einmal knapp die **wichtigsten Aussagen des Textes zusammengefasst**.

Tipps zur sprachlichen Gestaltung der Inhaltsangabe

- Schreibe im **Präsens**. Geschehnisse, die vor der eigentlichen Handlung stattfanden, stehen im Perfekt.
- Versuche, die **Sätze sinnvoll miteinander zu verbinden**. Hierfür eigenen sich gut Konjunktionen (z.B. zunächst, anschließend, dann, danach, schließlich usw.)
- Verwende eine **klare und sachliche Sprache**.
- Achte darauf, **keine persönlichen Gefühle, keine eigene Meinung und Wertung** wiederzugeben.
- Achte darauf, **keine Spannung** aufzubauen. Vermeide daher anschauliche Ausdrücke oder beschreibende Wortarten wie Adjektive.
- **Löse dich** vom **Stil** und der **Wortwahl der Textgrundlage**.
- Ersetze die direkte Rede durch **indirekte Rede**. Direkte Rede darf nicht verwendet werden.

V. Euler/A. Reul/V. Tagliente: Deutsch üben Klasse 8
© Auer Verlag

1. **Einige der folgenden Aussagen sind falsch. Finde die Fehler und verbessere die Sätze in Form eines Merksatzes. Schreibe die neu formulierten Merksätze in dein Deutschheft. Übertrage auch die zuvor bereits richtigen Aussagen in dein Heft.**

   1. Die Zeitform der Inhaltsangabe ist das Präteritum, da das Geschehen bereits stattgefunden hat.
   2. Um die Glaubwürdigkeit der Inhaltsangabe zu erhöhen, dürfen Zitate oder Interviewteile wörtlich übernommen werden.
   3. Die Inhaltsangabe ist in Einleitung, Hauptteil und Schluss untergliedert.
   4. Bei der Inhaltsangabe sollen Spannung aufgebaut und beschreibende Adjektive verwendet werden, damit der Leser neugierig bleibt und den Inhalt gut nachvollziehen kann.
   5. Die Inhaltsangabe wird in der Er-Form geschrieben. Die Ich-Form darf nicht verwendet werden, auch wenn der Text in eigenen Worten wiedergegeben wird.
   6. Inhaltsangaben lassen sich zu sämtlichen Texten der drei klassischen Literaturgattungen anfertigen.

2. **Lies den folgenden Leserbrief aufmerksam durch und schreibe einen passenden Einleitungssatz in dein Deutschheft.**

   ### Patchwork-Schinken

   Besteht der Wurstbelag für meine Semmel aus einem Fleischstück oder aus vielen kleinen Einzelteilen? Diese Frage muss sich der Verbraucher zukünftig stellen, wenn er im Supermarkt vor dem riesigen Sortiment von Wurstwaren steht und eine Auswahl treffen muss. Befindet sich in der Packung wirklich Schinken aus einem Stück oder ist die Wurstscheibe aus vielen unterschiedlichen Fleischresten zusammengepresst worden?

   Untersuchungen in Laboren und Instituten haben ergeben, dass viele der schmackhaft aussehenden und wohlgeformten ganzen Scheiben abgepackter Schinkenwaren nicht aus einem Fleischstück stammen, sondern aus verschiedenen Fleischresten mittels bestimmter Eiweiße förmlich zusammengeklebt wurden. Der ahnungslose Verbraucher bekommt für sein Geld ein augenscheinlich schönes Produkt präsentiert. Da die Produkte nicht immer genau als Formfleisch ausgewiesen sind oder fachmännisch gut umschrieben werden, durchschaut der Verbraucher dieses „Austricksen" nicht. Er kann keine Entscheidung treffen, ob er einen „Patchwork-Schinken" auf seinem Brot verzehren möchte oder das Original bevorzugt. Also hat der Verbraucher, wie auch bei Analogkäse & Co., erneut mehr Zeit beim Einkauf einzuplanen, um die „Hieroglyphen der Inhaltsstoffe" zu entziffern, damit er bedenkenlos seine Speisen essen kann. Von Verbraucherfreundlichkeit kann hier keine Rede sein. Die Gesellschaft ist gefordert, endlich etwas gegen „Peterchens Schinkenbastelstunde" zu tun.

   Melissa Biomann (25), Lebensmittelkontrolleurin

3. **Bevor du eine Inhaltsangabe schreibst, solltest du W-Fragen an den Text stellen. Dies kann dir helfen, die wesentlichen Textinhalte herauszufinden. Lies den folgenden Text aufmerksam durch und beantworte anschließend die Fragen. Notiere die Antworten in deinem Deutschheft.**

Meeresbewohner als Badevergnügen

Kossivi, ein 13 Jahre alter griechischer Junge, will eines Tages in die Fußstapfen seines Vaters Anatolias treten. Deshalb fährt er an freien Tagen mit ihm auf seinem Boot hinaus aufs Mittelmeer.

Anatolias ist nämlich von Beruf Schwammtaucher. Schon als kleiner Junge schnorchelte er stundenlang durch das Meer und beobachtete die verschiedenen Fische. Auch sein Vater, also Kossivis Großvater, war ein angesehener Schwammtaucher gewesen.

Doch dieser Beruf ist nicht ganz ungefährlich und somit eher für abenteuerlustige und risikofreudige Menschen. Um die besten Schwämme zu bekommen, trauen sich diese Taucher bis zu 150 Meter tiefe Gewässer. Hier liegt die größte Gefahr, denn je tiefer ein Schwammtaucher geht, desto höher wird für ihn das Risiko, die Taucherkrankheit zu bekommen. Denn je länger und je tiefer der Tauchgang war, umso langsamer sollte das Auftauchen erfolgen, sonst gelangen Stickstoffblasen in Blut und Gewebe, was dazu führt, dass Durchblutungsstörungen auftreten und Gewebe durch den Gasdruck zerstört wird. Die Krankheit kann auch tödlich verlaufen. Erleidet ein Taucher diese Krankheit, muss er innerhalb von 24 Stunden in einer Dekompressionskammer behandelt werden.

Kossivi, der sich dieser Gefahr bewusst ist, scheut sich nicht davor, in die Tiefe hinabzutauchen. Er findet die Stille unter Wasser einfach einzigartig. Doch seine Mutter Eleni hat große Sorge um ihren Sohn. Deshalb darf Kossivi auch nicht zu tief tauchen. Er soll hauptsächlich helfen, die Schwämme, die sein Vater aus dem Wasser holt, auf das Boot zu ziehen.

Kossivi erinnert sich noch ganz genau daran, als er das erste Mal Schwämme gesehen hat, die direkt aus dem Meer kamen. Sie sehen nämlich nicht gelb oder hellbraun aus. Ihre natürliche Farbe geht von dunkelgrau über dunkelbraun bis hin zu schwarz. Um die endgültige Farbe zu bekommen und um die Schwämme als Badeschwämme auch verkaufen zu können, lässt man sie einen Tag an Land faulen, entfernt ihren Weichkörper durch Kneten und Waschen, trocknet sie ausgiebig und bleicht sie anschließend.

Morgen darf Kossivi wieder mit seinem Vater aufs Meer hinausfahren. Vielleicht darf er bald auch mit ihm in die Tiefen des Mittelmeeres abtauchen.

1. Wie heißt der Junge und wie alt ist er?
2. Wo spielt die Geschichte?
3. Welchen Beruf übt der Vater aus?
4. Weshalb ist der Beruf des Vaters gefährlich?
5. Was ist die Taucherkrankheit und wie kann man sie heilen?
6. Was passiert mit den Schwämmen, nachdem sie an Land geholt wurden?

V. Euler/A. Reul/V. Tagliente: Deutsch üben Klasse 8

1. Notiere in deinem Deutschheft fünf Regeln, die du bei der sprachlichen Ausgestaltung einer Inhaltsangabe beachten musst.

2. Lies die folgende Kalendergeschichte von Johann Peter Hebel sowie die hierzu verfasste Inhaltsangabe durch und beurteile die Inhaltsangabe anhand der gelernten Kriterien. Notiere in deinem Deutschheft, welche Fehler hier gemacht wurden.

Johann Peter Hebel: Der Barbierjunge von Segringen (1811)

Man muss Gott nicht versuchen, aber auch die Menschen nicht. Denn im vorigen Spätjahr kam in dem Wirtshause zu Segringen ein Fremder von der Armee an, der einen starken Bart hatte und fast wunderlich aussah, also, dass ihm nicht recht zu trauen war. Der sagte zum Wirt, eh er etwas zu essen oder zu trinken fordert: „Habt Ihr
5 keinen Barbier im Ort, der mich rasieren kann?" Der Wirt sagt ja und holt den Barbier. Zu dem sagt der Fremde: „Ihr sollt mir den Bart abnehmen, aber ich habe eine kitzlige Haut. Wenn Ihr mich nicht ins Gesicht schneidet, so bezahl ich Euch vier Kronentaler. Wenn Ihr mich aber schneidet, so stech ich Euch tot. Ihr wäret nicht der erste." Wie der erschrockene Mann das hörte, (denn der fremde Herr machte ein Gesicht, als wenn mit
10 ihm nicht zu spaßen wäre, und das spitzige, kalte Eisen lag auf dem Tisch), so springt er fort und schickt den Gesellen. Zu dem sagt der Herr das Nämliche. Wie der Gesell das hört, springt er ebenfalls fort und schickt den Lehrjungen. Der Lehrjunge lässt sich blenden von dem Geld und denkt: „Ich wag's. Geratet es und ich schneide ihn nicht, so kann ich mir für vier Taler einen neuen Rock auf die Kirchweihe kaufen. Geratet's nicht,
15 so weiß ich, was ich tue", und rasiert den Herrn. Der Herr hält ruhig still, weiß nicht, in welcher entsetzlichen Todesgefahr er ist, und der verwegene Lehrjunge spaziert ihm auch ganz kaltblütig mit dem Messer im Gesicht und um die Nase herum, als wenn's nur um einen Sechser oder im Fall eines Schnittes um ein Stücklein Fließpapier darauf zu tun wäre und nicht um vier Taler und um ein Leben. Und er bringt ihm glücklich den Bart
20 aus dem Gesicht. Als aber der Herr aufgestanden war, sich im Spiegel beschaut und abgetrocknet hatte, gibt er dem Jungen die vier Taler und sagt zu ihm: „Aber junger Mensch, wer hat dir den Mut gegeben, mich zu rasieren, so doch dein Herr und der Gesell sind fortgesprungen! Denn wenn du mich geschnitten hättest, so hätt ich dich erstochen." Der Lehrjunge aber
25 bedankt sich lächelnd für das schöne Geld und sagte: „Gnädiger Herr, Ihr hättet mich nicht erstochen, sondern wenn Ihr gezuckt hättet und ich hätt Euch ins Gesicht geschnitten, so wär ich Euch zuvorgekommen, hätt Euch augenblicklich die Gurgel abgehauen und wäre auf- und davon gesprungen." Als der fremde Herr das hörte und an die Gefahr dachte, in der er gesessen war, ward er erst blass vor Schrecken und
30 Todesangst, schenkte dem Burschen noch einen Taler und hat seitdem zu keinem Barbier mehr gesagt: „Ich steche dich tot, wenn du mich schneidest."

Inhaltsangabe: Der Barbierjunge von Segringen

„Der Barbierjunge von Segringen" handelt davon, dass ein fremder Mann seinen Bart geschnitten haben will und ein Lehrjunge Mut beweist und sich etwas traut, was sich sonst keiner traut.

Ein fremder Mann mit langem Bart kam in ein Wirtshaus nach Segringen. Er wollte sich den Bart schneiden lassen und bat den Wirt, einen Barbier zu holen. Der Fremde erklärt dem Barbier, wenn er die Rasur ordentlich macht und ihn nicht schneidet, dann werde er ihn gut bezahlen. Schneide er ihn aber, dann werde er ihn erstechen. Dem Barbier schlotterten die Knie und somit schickte er seinen Gesellen vor. Doch auch dieser ist zu feige und bittet den Lehrjungen. Dieser ist mutig und rasiert den Fremden, ohne ihn zu verletzen. Wie vereinbart, bezahlt der Fremde den Lehrjungen und macht ihm deutlich, dass er sein Verhalten mutig findet. Plötzlich sagt der Junge: „Gnädiger Herr, Ihr hättet mich nicht erstochen, sondern wenn Ihr gezuckt hättet und ich hätt Euch ins Gesicht geschnitten, so wär ich Euch zuvorgekommen". In diesem Augenblick stellt der vorlaute Fremde fest, in welch einer gefährlichen Situation er sich beim Rasieren befindet. Erleichtert, dass ihm nichts passiert ist, zeigt er sich großzügig und gibt dem Lehrjungen einen Kronentaler mehr. Außerdem hat er endlich eingesehen, dass es auch für ihn selbst zu gefährlich ist, wenn er versucht, einen Barbier einzuschüchtern.

3. Markiere in der Kalendergeschichte von Johann Peter Hebel die wichtigsten Informationen und gliedere die Geschichte in neun bis elf Handlungsabschnitte. Fasse den Inhalt der einzelnen Handlungsabschnitte jeweils knapp zusammen und schreibe die Zusammenfassung in dein Deutschheft.

4. Schreibe zu der Kalendergeschichte eine Inhaltsangabe. Achte dabei auf den Aufbau und die sprachliche Gestaltung und schreibe die Inhaltsangabe in dein Deutschheft.

V. Euler/A. Reul/V. Tagliente: Deutsch üben Klasse 8
© Auer Verlag

Die Ballade

Die **Ballade** ist ein **Erzählgedicht**. Sie erzählt **ein dramatisches bzw. schicksalhaftes Ereignis mit Höhepunkt in Versform** und **vereint** so die drei Literaturgattungen **Epik, Lyrik und Dramatik**. Johann Wolfgang von Goethe bezeichnete die Ballade deshalb als **Ur-Ei der Dichtung**.
Meist handelt die Ballade von bedrohten Mächten, Göttern und Helden, sie thematisiert Geister- und Naturmagie und behandelt Legenden.

Erzählt die Ballade von einem besonders sensationellen Ereignis oder enthält sie eine **Moral (Lehre)**, dann spricht man von einer **Moritat**. Die Bezeichnung Moritat leitet sich von Moral- oder Mordgeschichte ab.

Die Inhaltsangabe einer Ballade ist in die drei Teile **Einleitung, Hauptteil und Schluss** gegliedert.

Einleitung: In der Einleitung werden der **Autor**, der **Titel** und das **Entstehungsjahr** der Ballade genannt sowie der **Handlungskern (das Thema)** der Ballade knapp dargestellt.

Hauptteil: Im Hauptteil werden die **W-Fragen** beantwortet.
- **Welche Personen** sind an der Handlung beteiligt?
- **Wie** stehen die einzelnen Personen zueinander?
- **Wann** und **wo** spielt die Handlung?
- **Was** geschieht?
- **Wie** und **warum** geschieht etwas?
- **Welche Folgen** hat die Handlung/das Ereignis?

Tipp: Gliedere die Ballade zunächst in **Sinnabschnitte** und überlege dir **passende Überschriften** für die einzelnen Abschnitte. Auf diese Weise erfasst du den wesentlichen Inhalt der Ballade.

Über die Darstellung der Handlung/des Geschehens hinaus müssen aber noch weitere Aspekte untersucht werden:
- **Charakterisierung** der vorkommenden und handelnden **Personen**.
- **Analyse und Darstellung des Spannungsbogens** (Spannungsfrage, Höhepunkt, Auflösung).
- Analyse der **lyrischen Mittel** wie Vers, Strophe, Metrum, Zeilensprung, Reim, Wortwahl, rhetorische Stilmittel usw.

Schluss: Am Ende wird der **Handlungsverlauf knapp**, möglichst in einem Satz, **zusammengefasst** und dabei die **Aussage / Moral** der Ballade genannt.

Lies die Ballade „Nis Randers" von Otto Ernst aufmerksam durch.

Otto Ernst: Nis Randers

Krachen und Heulen und berstende Nacht,
Dunkel und Flammen in rasender Jagd –
Ein Schrei durch die Brandung!

Und brennt der Himmel, so sieht man's gut:
Ein Wrack auf der Sandbank! Noch wiegt es
die Flut;
Gleich holt sich's der Abgrund.

Nis Randers lugt – und ohne Hast
Spricht er: „Da hängt noch ein Mann im Mast;
Wir müssen ihn holen."

Da fasst ihn die Mutter: „Du steigst mir nicht ein:
Dich will ich behalten, du bliebst mir allein,
Ich will's, deine Mutter!

Dein Vater ging unter und Momme, mein Sohn;
Drei Jahre verschollen ist Uwe schon,
Mein Uwe, mein Uwe!"

Nis tritt auf die Brücke. Die Mutter ihm nach!
Er weist nach dem Wrack und spricht gemach:
„Und *seine* Mutter?"

Nun springt er ins Boot und mit ihm noch sechs:
Hohes, hartes Friesengewächs;
Schon sausen die Ruder.

Boot oben, Boot unten, ein Höllentanz!
Nun muss es zerschmettern ...! Nein: es blieb ganz! ...
Wie lange? Wie lange?

Mit feurigen Geißeln peitscht das Meer
Die menschenfressenden Rosse daher;
Sie schnauben und schäumen.

Wie hechelnde Hast sie zusammenzwingt!
Eins auf den Nacken des andern springt
Mit stampfenden Hufen!

Drei Wetter zusammen! Nun brennt die Welt!
Was da? – Ein Boot, das landwärts hält –
Sie sind es! Sie kommen! –

Und Auge und Ohr ins Dunkel gespannt ...
Still – ruft da nicht einer? – Er schreit's durch die Hand:
„Sagt Mutter, 's ist Uwe!"

1. **Formuliere einen Einleitungssatz für eine Inhaltsangabe zu der Ballade „Nis Randers".
   Achte darauf, alle wichtigen Angaben aufzunehmen, und schreibe den Einleitungssatz
   in dein Deutschheft.**

2. **Beantworte die folgenden W-Fragen zum Inhalt der Ballade und notiere die Antworten in
   deinem Deutschheft. Beantworte die Fragen in ganzen Sätzen.**

   1. Wer ist an der Handlung beteiligt?
   3. Wann passiert das Ereignis?

   2. Wo passiert die Handlung?
   4. Warum und wie kommt es zu dieser Handlung?

3. **Weise die drei Elemente einer Ballade – episches, lyrisches und dramatisches Element –
   an der Ballade „Nis Randers" nach. Schreibe deine Lösung in dein Deutschheft.**

4. **Wo liegt der Höhepunkt dieser Ballade? Beschreibe den Spannungsbogen, der
   aufgebaut wird, und notiere deine Antwort in deinem Deutschheft.**

5. **Welche Absicht verfolgt der Dichter mit dieser Ballade? Was soll der Leser aus der
   Ballade lernen? Schreibe deine Überlegungen in dein Deutschheft.**

V. Euler/A. Reul/V. Tagliente: Deutsch üben Klasse 8
© Auer Verlag

Lies die Ballade „Der Totentanz" von Johann Wolfgang von Goethe aufmerksam durch.

Johann Wolfgang von Goethe: Der Totentanz

Der Türmer, der schaut zu Mitten der Nacht
Hinab auf die Gräber in Lage;
Der Mond, der hat alles ins Helle gebracht;
Der Kirchhof, er liegt wie am Tage.
Da regt sich ein Grab und ein anderes dann:
Sie kommen hervor, ein Weib da, ein Mann,
In weißen und schleppenden Hemden.

Das reckt nun, es will sich ergetzen sogleich,
Die Knöchel zur Runde, zum Kranze,
So arm und so jung, und so alt und so reich;
Doch hindern die Schleppen am Tanze.
Und weil hier die Scham nun nicht weiter gebeut,
Sie schütteln sich alle, da liegen zerstreut
Die Hemdelein über den Hügeln.

Nun hebt sich der Schenkel, nun wackelt das Bein,
Gebärden da gibt es vertrackte;
Dann klippert's und klappert's mitunter hinein,
Als schlüg man die Hölzlein zum Takte.
Das kommt nun dem Türmer so lächerlich vor;
Da raunt ihm der Schalk, der Versucher ins Ohr:
Geh! hole dir einen der Laken.

Getan wie gedacht! Und er flüchtet sich schnell
Nun hinter geheiligte Türen.
Der Mond und noch immer er scheint so hell
Zum Tanz, den sie schauderlich führen.
Doch endlich verlieret sich dieser und der,
Schleicht eins nach dem andern gekleidet einher
Und husch ist es unter dem Rasen.

Nur einer, der trippelt und stolpert zuletzt
Und tappet und grapst an den Grüften;
Doch hat kein Geselle so schwer ihn verletzt;
Er wittert das Tuch in den Lüften.
Er rüttelt die Turmtür, sie schlägt ihn zurück,
Geziert und gesegnet, dem Türmer zum Glück,
Sie blinkt von metallenen Kreuzen.

Das Hemd muss er haben, da rastet er nicht,
Da gilt auch kein langes Besinnen,
Den gotischen Zierat ergreift nun der Wicht
Und klettert von Zinne zu Zinnen.
Nun ist's um den armen, den Türmer getan!
Es ruckt sich von Schnörkel zu Schnörkel hinan,
Langbeinigen Spinnen vergleichbar.

Der Türmer erbleichet, der Türmer erbebt,
Gern gäb er ihn wieder, den Laken.
Da häckelt – jetzt hat er am längsten gelebt –
Den Zipfel ein eiserner Zacken.
Schon trübet der Mond sich verschwindenden Scheins
Die Glocke, sie donnert ein mächtiges Eins,
Und unten zerschellt das Geripp.

1. **Gliedere die Ballade in sieben Sinnabschnitte und gib den Inhalt der einzelnen Abschnitte knapp wieder. Schreibe die Gliederung in dein Deutschheft.**

2. **Fasse den Inhalt der Ballade in eigenen Worten zusammen. Nutze hierzu deine Gliederung aus Ausgabe 1. Schreibe deine Inhaltsangabe in dein Deutschheft.**

3. **Wo liegt der Höhepunkt der Ballade? Schreibe deine Antwort in dein Deutschheft.**

4. **Untersuche die Reimform der Ballade und überlege, ob ein Zusammenhang mit der Handlung besteht. Notiere deine Überlegungen in deinem Deutschheft.**

Rhetorische Stilmittel

Rhetorische Stilmittel werden häufig in Gedichten, Liedtexten und Reden sowie in Texten, die überzeugen oder emotional ansprechen sollen, verwendet. In sachlich-informierenden Texten kommen sie meist nicht vor.

Rhetorische Stilmittel	Erläuterung	Beabsichtigte Wirkung	Beispiel
Alliteration	Wiederholung des Anfangsbuchstabens bei aufeinanderfolgenden Wörtern	Ist eindringlich und einprägsam; verstärkt das Gesagte.	Unter Umständen unmöglich.
Anapher	Wiederholung eines Satzanfangs bei aufeinanderfolgenden Sätzen	Ist eindringlich und einprägsam; verstärkt das Gesagte.	Sage mir, woher du kommst. Sage mir, wohin du gehst. Sage es!
Ellipse	Satz, in dem Wörter oder Satzglieder fehlen, der aber trotzdem verständlich bleibt.	Erfordert, dass der Leser mitdenkt, sich also mehr auf den Text einlässt; regt zum Nachdenken an.	Morgens aufgestanden und gleich an dich gedacht. (Morgens bin ich aufgestanden ...)
Ironie	Das Gesagte ist das Gegenteil von dem, was man meint.	Provoziert/unterhält und weist somit auf ein Problem hin.	Erderwärmung? Prima, so sparen wir Heizkosten.
Klimax	Steigerung, oft dreiteilig	Verstärkt den gewünschten Eindruck.	Ich laufe, ich renne, ich fliege zu dir.
Metapher	Sprachliches Bild	Verdeutlicht oder verschleiert das Gesagte; regt zum Nachdenken an; prägt sich besser ein.	Du streust Salz in meine Wunden.
Paradoxon	Widerspruch	Regt zum Nachdenken an; weist z.T. auch auf Missstände hin.	ein ebener Berg
Personifikation	Dinge/Pflanzen/Tiere übernehmen menschliche Tätigkeiten.	Verstärkt die Identifikation mit der Sache.	Die Angst hatte mich schon erwartet.
Rhetorische Frage	Frage, die nicht auf Informationsgewinn zielt, sondern die Aussage verstärken möchte.	Soll überzeugen und Zustimmung hervorrufen.	Willst du sie wirklich unglücklich machen?
Vergleich	Gegenüberstellung von Gegenständen, Bildern usw., mit „wie" gebildet.	Verdeutlicht das Gesagte; oft auch zur Übertreibung genutzt.	Du benimmst dich wie ein Elefant im Porzellanladen.

V. Euler/A. Reul/V. Tagliente: Deutsch üben Klasse 8

1. a. **Lies den folgenden Text über Kochsendungen durch. Markiere anschließend die im unteren Kasten aufgelisteten rhetorischen Stilmittel im Text und schreibe die Bezeichnung rechts auf die freien Zeilen.**

Von Kochsendungen erschlagen

Sie sind wie Unkraut. _____

Sie sind wie Zombies. _____

Sie sind der Virus des deutschen Fernsehens: _____

Kochsendungen! _____

Sie sprießen aus allen Löchern, auf allen _____

Sendern sind sie zu sehen, sie verfolgen uns. _____

Morgens, mittags, abends, _____

24 Stunden am Tag und sogar nachts. _____

Mit Umschalten ist es nicht getan, denn schon _____

lauert der nächste Unterhaltungskoch wie ein _____

Raubtier vor der Kamera und grinst uns an. _____

Doch sollten wir nicht dankbar sein? _____

Gäbe es sie nicht, was sollten wir uns dann _____

anschauen? Nachrichten? Bildungsfernsehen? _____

> Metapher   Personifikation (2x)   Vergleich (3x)   Klimax   Rhetorische Frage
> Ironie (2x)   Paradoxon   Anapher (3x)   Ellipse

b. **Notiere die vier Wörter, die der Schreiber des obigen Textes für seine Metapher und Vergleiche verwendet. Schreibe zu jedem dieser Wörter drei passende Adjektive oder Verben auf. Fallen dir keine passenden Adjektive oder Verben ein, kann dir die folgende Auswahl helfen. Schreibe deine Zuordnung in dein Deutschheft.**

> breitet sich schnell aus   auf Beute lauernd   gefährlich   verfolgen   jagen
> ansteckend   wuchernd   unsterblich   macht krank   böse   hartnäckig

c. **Überlege dir, warum der Autor des Textes genau diese vier Wörter für seine Metapher und Vergleiche benutzt. Was sagt dies über die Einstellung des Schreibers zu Kochsendungen aus? Schreibe deine Überlegungen in dein Deutschheft.**

2. **Verfasse selbst einen Text, aus dem deutlich hervorgeht, was du über Kochsendungen denkst. Versuche, dabei möglichst viele rhetorische Stilmittel zu verwenden. Schreibe deinen Text in dein Deutschheft.**

1. a. **Lies den folgenden Text über Kochsendungen durch. Welche rhetorischen Stilmittel lassen sich hier finden? Markiere die Stilmittel im Text und schreibe die Bezeichnung rechts auf die freien Zeilen.**

    Von Kochsendungen erschlagen

    Sie sind wie Unkraut.

    Sie sind wie Zombies.

    Sie sind der Virus des deutschen Fernsehens:

    Kochsendungen!

    Sie sprießen aus allen Löchern, auf allen

    Sendern sind sie zu sehen, sie verfolgen uns.

    Morgens, mittags, abends,

    24 Stunden am Tag und sogar nachts.

    Mit Umschalten ist es nicht getan, denn schon

    lauert der nächste Unterhaltungskoch wie ein

    Raubtier vor der Kamera und grinst uns an.

    Doch sollten wir nicht dankbar sein?

    Gäbe es sie nicht, was sollten wir uns dann

    anschauen? Nachrichten? Bildungsfernsehen?

    b. **Notiere die vier Wörter, die der Schreiber des obigen Textes für seine Metapher und Vergleiche verwendet. Schreibe zu jedem dieser Wörter drei passende Adjektive oder Verben auf. Schreibe deine Zuordnung in dein Deutschheft.**

    c. **Überlege dir, warum der Autor des Textes genau diese vier Wörter für seine Metapher und Vergleiche benutzt. Was sagt dies über die Einstellung des Schreibers zu Kochsendungen aus? Schreibe deine Überlegungen in dein Deutschheft.**

2. **Verfasse selbst einen Text, aus dem deutlich hervorgeht, was du über Kochsendungen denkst. Versuche, dabei möglichst viele rhetorische Stilmittel zu verwenden. Schreibe deinen Text in dein Deutschheft.**

V. Euler/A. Reul/V. Tagliente: Deutsch üben Klasse 8

Sachtexte

Sachtexte sind entweder **in darstellender oder informierender Form** geschrieben und beschreiben **tatsächliche Zustände**.

Merkmale gängiger journalistischer Sachtexte

Nachricht: **Direkte, kurze und sachliche Mitteilung über ein (meist aktuelles) Ereignis.** Es werden nur die **wichtigsten Informationen** zu dem Ereignis wiedergegeben, der Text ist **wertfrei und sachlich**. Aussagen werden in **indirekter Rede** wiedergegeben.

Bericht: **Ausführliche Information über ein wichtigstes (meist aktuelles) Ereignis.** Es werden alle **W-Fragen** (Wer? Was? Wann? Wo? Wie? Warum?) beantwortet, die Darstellung ist **detailliert und sachlich**. Die wichtigsten Informationen werden in einem **Vorspann** zusammengefasst, es kann sowohl indirekte als auch direkte Rede verwendet werden. Als Zeitform wird das **Präteritum** verwendet.

Reportage: **Erlebnisorientierte Berichterstattung über ein Ereignis oder einen Sachverhalt. Informierende und persönlich-schildernde Teile** wechseln sich ab, die Darstellung wirkt **lebendig**. Häufig wird auch auf Einzelschicksale eingegangen. Es wird wörtliche Rede verwendet, um den **Leser emotional anzusprechen**. Ein Vorspann liefert eine kurze Zusammenfassung des Textes, die Überschrift soll neugierig machen. Meist wird in dem Text auch die Meinung des Autors deutlich.

Kommentar: **Stellungnahme zu einem aktuellen Ereignis, zu einem vorherigen Bericht oder einer Nachricht.** Das Ereignis, bzw. das zuvor sachlich Beschriebene, wird **kommentiert**, also wertend vom Autor aufgegriffen, die **eigene Meinung des Autors** ist erkennbar. In einem kurzen sachlichen Teil werden die Begebenheiten beschrieben, darauf folgt die Meinung des Autors, abschließend steht eine Schlussfolgerung oder ein Ausblick. Der Name des Verfassers wird genannt.

Glosse: **Kurzer Beitrag, der meist auf ironische Weise ein aktuelles Thema aufgreift.** Es wird auf **witzige oder provozierende Art auf einen Missstand hingewiesen**, die **eigene Meinung des Autors** fließt deutlich mit ein. Der Leser soll **zur Meinungsbildung angeregt** werden. Die Überschrift ist meist verblüffend, der Ausgang meist witzig oder überspitzt.

Sprache in Sachtexten

Die **eigene Meinung** muss nicht immer explizit wiedergegeben werden. Häufig wird diese bereits durch die **Wortwahl** deutlich. Schon einfache Füllwörter wie „leider", „schon", „zu selten", „erstaunlicherweise" können die Meinung des Autors zum Ausdruck bringen und den Leser beeinflussen.

1. **Ordne den folgenden Textauszügen die passende Textsorte zu und begründe deine Zuordnung, indem du einige, auf den Textauszug passende Merkmale der Textsorte nennst. Notiere deine Zuordnung sowie die Begründung in deinem Deutschheft.**

   1. „Drei Mal Ja": Ein Leben ohne Dieter Bohlen ist kaum noch vorstellbar. Mit seinem „Drei Mal Ja" beschert er uns unzählige Talente. Nur – weiß jemand vier Wochen später noch, was das „Talent" gerade macht? Ich würde sagen: „Drei Mal Nein".

   2. Nach der Katastrophe in Fukushima 2011 werden einige Gemeinden nun wieder freigegeben. Mehrere Tausend Menschen dürfen in ihre Orte zurück. Wirtschaftsminister Yukio Edano machte darauf aufmerksam, dass [...]

   3. Jeder kann jetzt mein Leben verfolgen: „Facebook weiß fast alles von mir. So sind auch meine Freunde immer auf dem neuesten Stand", sagt der 15-jährige Sascha und lächelt dabei zufrieden. Anderen Usern von Sozialen Netzwerken ist das Lachen allerdings vergangen. 2008, Kassel: Die 14-jährige Lena ist ein ganz normales Mädchen [...]

Reportage	Glosse	Bericht

2. **Der Anfang des Berichts aus Aufgabe 1 könnte auch der Anfang einer Nachricht sein. Begründe, wieso der Textauszug beiden Textsorten zugeordnet werden kann.**

3. **Erstelle dir eine Checkliste zu den einzelnen Textsorten journalistischer Sachtexte. Formuliere hierzu die Informationen aus dem Merkkasten „Merkmale gängiger journalistischer Sachtexte" zu Fragen um, die mit „ja" oder „nein" beantwortet werden können, und lege dir in deinem Deutschheft eine Tabelle nach folgendem Muster an.**

Nachricht (*jeweilige Textsorte*)	ja	nein
Handelt es sich um eine direkte, kurze Mitteilung über ein Ereignis? (meist aktuelles Ereignis)		
Ist die Sprache sachlich? (keine Meinung des Autors)		
Werden Aussagen in indirekter Rede wiedergegeben?		
...		

V. Euler /A. Reul /V. Tagliente: Deutsch üben Klasse 8

4. Führe Text 3 aus Aufgabe 1 fort. Nimm hierzu deine Checkliste (Aufgabe 3) zur Hand und halte die Merkmale der Textsorte ein. Schreibe die Fortführung in dein Deutschheft.

Folgende Informationen kannst du für deinen Text verwenden:

Mobbing im Internet hat zugenommen.

Personen werden bloßgestellt, es entstehen regelrechte Hetzkampagnen.

Vor allem Jugendliche geben zu viel von sich preis.

Heimlich aufgenommene Bilder werden veröffentlicht.

Was einmal im Internet veröffentlich wurde, kann nie vollständig gelöscht werden.

Einzelschicksale darfst du beim Schreiben deines Textes frei erfinden.

5. Unterstreiche in den folgenden Sätzen jeweils das Wort, an dem du die Meinung des Autors erkennen kannst.

1. Ein gewaltiger Sturm fegte über die Stadt hinweg.

2. In nur 7,9 Millionen Haushalten in Deutschland leben Katzen.

3. Den Sieg konnte Klitschko diesmal wider Erwarten nicht erzielen.

4. Ist wirklich die moderne technische Entwicklung dafür verantwortlich, dass sich die heutige Jugend so entwickelt?

1. Erstelle dir eine Checkliste zu den einzelnen Textsorten journalistischer Sachtexte. Formuliere hierzu die Informationen aus dem Merkkasten „Merkmale gängiger journalistischer Sachtexte" zu Fragen um, die mit „ja" oder „nein" beantwortet werden können, und lege dir in deinem Deutschheft eine Tabelle nach folgendem Muster an.

Nachricht (*jeweilige Textsorte*)	ja	nein
Handelt es sich um eine kurze Mitteilung über ein Ereignis?		
…		

2. a. Um welche Textsorte handelt es sich bei dem folgenden Textauszug? Begründe deine Entscheidung, indem du die auf den Textauszug passenden Merkmale der Textsorte nennst. Schreibe deine Antwort in dein Deutschheft.

> Jeder kann jetzt mein gesamtes Leben verfolgen: „Facebook weiß fast alles von mir. So sind auch meine Freunde immer auf dem neuesten Stand", sagt der 15-jährige Sascha und lächelt dabei zufrieden. Anderen Usern von Sozialen Netzwerken ist das Lachen allerdings vergangen. 2008, Kassel: Die 14-jährige Lena ist ein ganz normales Mädchen […]

b. Führe den Text fort. Nimm hierzu deine Checkliste (Aufgabe 1) zur Hand und halte die Merkmale der Textsorte ein. Überlege dir, welche Informationen für deinen Text relevant sein könnten, und recherchiere gegebenenfalls in Zeitungen oder im Internet. Einzelschicksale darfst du beim Schreiben deines Textes frei erfinden. Schreibe die Fortführung in dein Deutschheft.

3. Suche in Zeitungen oder im Internet jeweils ein Beispiel zu den folgenden Textsorten. Schneide/drucke den Text aus und klebe ihn in dein Deutschheft. Benenne die Textsorte und notiere die Merkmale der Textsorte, die in dem Artikel eingehalten wurden.

> Nachricht   Bericht   Reportage   Kommentar   Interview   Glosse

4. Unterstreiche in den folgenden Sätzen jeweils das Wort, an dem du die Meinung des Autors erkennen kannst, und gib in eigenen Worten wieder, welche Sicht der Autor auf das jeweilige Ereignis hat bzw. wie er es beurteilt.

1. Ein gewaltiger Sturm fegte über die Stadt hinweg.
2. In nur 7,9 Millionen Haushalten in Deutschland leben Katzen.
3. Den Sieg konnte Klitschko diesmal wider Erwarten nicht erzielen.
4. Ist wirklich die moderne technische Entwicklung dafür verantwortlich, dass sich die heutige Jugend so entwickelt?

V. Euler/A. Reul/V. Tagliente: Deutsch üben Klasse 8

Merkmale eines Tagesberichts

Der Tagesbericht sollte – wie andere Berichtformen auch – **knapp und sachlich** formuliert sein. Deine eigene Meinung sowie Gefühle dürfen nicht wiedergegeben werden.

Alle wichtigen Arbeitsschritte müssen **in der chronologischen Abfolge** des Arbeitstages dargestellt werden. Achte darauf, die wichtigsten **W-Fragen** (Wer? Wann? Wo? Wie? Warum?) zu beantworten. Da du den Arbeitstag bereits erlebt hast, schreibst du deinen Bericht im **Präteritum**.

Zeitliche Abfolgen möglichst flüssig und abwechslungsreich zu beschreiben, ist nicht ganz leicht. Versuche, die **Satzanfänge zu variieren** und verwende **Konjunktionen, die eine Reihenfolge verdeutlichen**, z. B. dann, danach, anschließend, jetzt usw.

Aufbau einer Vorgangsbeschreibung

Bei einer Vorgangsbeschreibung sollte der Vorgang so beschrieben werden, dass er auch von Unkundigen verstanden wird, d.h. von Lesern, die mit dem Vorgang nicht vertraut sind.

Die Vorgangsbeschreibung folgt einem **klaren Aufbau**.
In der **Einleitung** benennst du **die Materialien**, die für den Vorgang benötigt werden. Falls du **Fachbegriffe** verwendest, müssen diese für Unkundige eventuell erklärt werden.

Im Hauptteil beschreibst du **die einzelnen Handlungsschritte der Reihe nach**. Beschreibe dabei **möglichst genau** und verwende **treffende Verben und Adjektive**. Da der Vorgang jederzeit wiederholt werden kann, schreibst du **im Präsens** und versuchst, den Leser direkt anzusprechen. Das gelingt dir am besten mit der Anrede **„du", mit „man"** oder **mit Passivsätzen**, in denen der Handelnde weggelassen werden kann. Um die **Satzanfänge und den Satzbau zu variieren**, solltest du jedoch nicht *nur* Passivsätze verwenden.

Am **Ende** der Beschreibung steht das **Ergebnis des Vorgangs**.

1. a. Bringe die folgenden Schritte eines Vorgangs in die richtige Reihenfolge und nummeriere sie entsprechend durch.

____ Falls nötig, den Bruch kürzen.

____ Das kleinste gemeinsame Vielfache suchen (kgV).

____ Das Ergebnis unterstreichen.

____ Die Zähler addieren, die Nenner beibehalten.

____ Die Nenner der beiden Brüche betrachten.

____ Falls der Zähler größer ist als der Nenner, den Bruch in einen gemischten

Bruch umwandeln.

____ Die Brüche auf den gleichen Nenner bringen.

$$5/6 + 5/8 = 20/24 + 15/24 = 35/24 = 1\ 11/24$$

b. Schreibe eine Vorgangsbeschreibung zu dem obigen Vorgang „Brüche addieren". Berücksichtige dabei alle Einzelschritte (siehe 1.a.) und achte auf einen abwechslungsreichen Satzbau. Die im Folgenden aufgelisteten Satzanfänge können dir dabei helfen. Schreibe deine Vorgangsbeschreibung in dein Deutschheft.

> zuerst   danach   jetzt   dann   anschließend   am Ende

c. Wähle zwei Aktivsätze deiner Vorgangsbeschreibung aus und wandle sie in Passivsätze um. Schreibe die Passivsätze in dein Deutschheft.

Beispiel:

Aktiv: *Er macht seine Hausaufgaben.*

→ Passiv: *Die Hausaufgaben werden von ihm gemacht.*

V. Euler/A. Reul/V. Tagliente: Deutsch üben Klasse 8

2. a. **In den folgenden Praktikumsbericht haben sich einige Fehler eingeschlichen. Finde die Fehler, unterstreiche sie und notiere in deinem Deutschheft, warum es sich hierbei um Fehler handelt.**

> Um 9 Uhr erscheine ich im Büro, wo mich der Kollege, den ich am wenigsten mag, schon erwartet hat. Zuerst muss ich mit ihm zu einer Sitzung, was ich ziemlich spannend fand, weil dort über besondere Vorkommnisse gesprochen wurde. Herr Schmitt hat beispielsweise herausgefunden, dass Herr Span verschiedene Dinge aus dem Büro entwendet hat. Nach der Sitzung habe ich dann gegen 10 E-Mails gelesen und sortiert, mit Unterstützung durfte ich auch einige beantworten. Um 11 Uhr hat man mich im Lager eingeteilt, wo ich die Lieferung sortierte. Die kommt immer aus Rheinland-Pfalz.

b. **Formuliere den obigen Praktikumsbericht neu. Korrigiere die fehlerhaften Passagen und schreibe deine Version des Praktikumsberichts in dein Deutschheft.**

3. a. **Überlege dir, in welchem Beruf du gerne ein Praktikum absolvieren würdest, und suche im Internet nach einer Berufsbeschreibung.**

b. **Stelle dir vor, du hast bereits deinen ersten Praktikumstag in diesem Beruf absolviert. Erstelle in deinem Deutschheft einen Zeitstrahl über 6 Stunden (von 8–14 Uhr) und notiere, was du wann gemacht haben könntest.**

> Mögliche Aspekte:
> *Arbeitsbeginn, regelmäßige oder typische Tätigkeiten, Vorführen bestimmter Arbeitsgänge, Beobachtungen, Hilfstätigkeiten usw.*

c. **Erstelle nun einen vollständigen Praktikumsbericht über deinen ersten Praktikumstag. Achte darauf, die einzelnen Handlungsschritte (Aufgabe 3.b.) der Reihe nach zu beschreiben, treffende Verben und Adjektive zu wählen und die Satzanfänge und den Satzbau zu variieren. Schreibe deinen Praktikumsbericht in dein Deutschheft.**

1. a. **Bringe die folgenden Schritte eines Vorgangs in die richtige Reihenfolge und nummeriere sie entsprechend durch.**

____ Falls nötig, den Bruch kürzen.

____ Das kleinste gemeinsame Vielfache suchen (kgV).

____ Das Ergebnis unterstreichen.

____ Die Zähler addieren, die Nenner beibehalten.

____ Die Nenner der beiden Brüche betrachten.

____ Falls der Zähler größer ist als der Nenner, den Bruch in einen gemischten Bruch umwandeln.

$$5/6 + 5/8 = 20/24 + 15/24 = 35/24 = 1\ 11/24$$

b. **Ein Schritt des Rechenvorgangs fehlt. Um welchen handelt es sich und an welcher Stelle muss er eingefügt werden? Schreibe die Antwort in dein Deutschheft.**

c. **Schreibe eine Vorgangsbeschreibung zu dem obigen Vorgang „Brüche addieren". Berücksichtige dabei alle Einzelschritte (siehe 1.a.) und verwende sowohl Aktiv- als auch Passivsätze. Schreibe deine Vorgangsbeschreibung in dein Deutschheft.**

2. **Überlege dir, in welchem Beruf du gerne ein Praktikum absolvieren würdest, und suche im Internet nach einer Berufsbeschreibung. Wähle dann eine typische Tätigkeit aus diesem Berufsfeld aus und fertige eine Vorgangsbeschreibung an, die mindestens sechs Handlungsschritte umfasst. Schreibe die Vorgangsbeschreibung in dein Deutschheft.**

3. a. **Der von dir in Aufgabe 2 ausgewählte Beruf bietet sicher noch weitere Tätigkeitsfelder. Stelle dir vor, du hast bereits deinen ersten Praktikumstag in diesem Beruf absolviert. Erstelle in deinem Deutschheft einen Zeitstrahl über 6 Stunden (von 8–14 Uhr) und notiere, was du wann gemacht haben könntest.**

b. **Erstelle nun einen vollständigen Praktikumsbericht über deinen ersten Praktikumstag. Schreibe den Bericht in dein Deutschheft.**

V. Füller/A. Reul/V. Tagliente: Deutsch üben Klasse 8

Personen beschreiben

Bei einer Personenbeschreibung solltest du die **Person möglichst genau beschreiben**. Damit du auch alle Details berücksichtigst, **sammle** zunächst **stichwortartig alle Merkmale der Person** (z.B. Gesicht, Frisur, Statur, Besonderheiten, Kleidung usw.).

Die Personenbeschreibung lässt sich in die drei Teile **Einleitung, Hauptteil und Schluss** gliedern.

Einleitung: Es werden die **allgemeinen Merkmale** wie **Geschlecht, Alter, Körpergröße, Statur** und **Haltung** beschrieben.

Hauptteil: Es werden **Einzelheiten und besonders hervorstechende Merkmale beschrieben**. Dazu gehören z.B. Kopfform, Frisur, Gesicht (Augen, Nase, Mund usw.), besondere Kennzeichen (Narben, Zahnlücken, Leberflecke usw.) und die Kleidung. Die Konzentration liegt dabei auf den charakteristischen Merkmalen der Person.

Die einzelnen Details müssen in eine **logische Abfolge** gebracht werden, z.B.:
- vom **Allgemeinen** zu den **Einzelheiten**
- von **Oben** nach **Unten** (vom Kopf bis zu den Füßen)
- vom **Ungewöhnlichen** zum **Üblichen**

Schluss: Es werden alle Einzelinformationen in einem Satz zusammengefasst und der **Gesamteindruck** festgehalten.

Formuliere die Personenbeschreibung **sachlich** und **frei von persönlicher Wertung**. Mache detaillierte Angaben, verwende **Fachbegriffe**, **treffende Verben** und **Adjektive** sowie **Vergleiche**. Achte außerdem auf abwechslungsreiche Satzanfänge und versuche, die Sätze logisch miteinander zu verknüpfen. Verwende als Zeitform das **Präsens**.

1. **Ordne die folgenden Wörter mindestens einem Beschreibungsmerkmal der Tabelle zu.**

oval	wellig	muskulös	wulstig	kurz	gebräunt	krumm
schlitzförmig	seriös	ungepflegt	spitz	Pickel	rundlich	
Grübchen	nach oben	abstehend	lang	gebogen	dicht	
groß	blass	kantig	untersetzt	modisch	Muttermale	

Beschreibungsmerkmal	Zuordnung
Gestalt/Statur	
Gesicht	
Haare	
Augen	
Augenbrauen	
Ohren	
Nase	
Mund	
Mundwinkel	
Lippen	
Kinn	
Hals	
Besonderheiten	
Aussehen/Erscheinungsbild	

V. Euler/A. Reul/V. Tagliente: Deutsch üben Klasse 8

2. Bringe die folgenden Angaben in eine sinnvolle Reihenfolge (1–8). Nummeriere zusammenhängende Angaben mit der gleichen Zahl und ordne die Angaben so, wie du sie in einer Personenbeschreibung der Reihe nach beschreiben würdest.

____ Alter: 14 Jahre

____ Körpergröße: 166 cm

____ Gestalt / Statur: sportlich

____ Frisur: schulterlange, gelockte Haare

____ Lippen: dick

____ Haare: dunkelbraun

____ Besonderheiten: Sommersprossen

____ Nase: schmal

____ Gesichtsform: knochig

____ Augenfarbe: blau

____ Ohren: klein und anliegend

____ Mund: klein

____ Augen: hervortretend

____ Kinn: kantig

3. Markiere in der folgenden Personenbeschreibung die sechs Textstellen, die nicht in eine Personenbeschreibung gehören und benenne die Fehlerart.

Die Frau ist etwa 40 Jahre alt und leicht untersetzt, sodass sie eigentlich nicht dieses enge, quer-gestreifte Kleid tragen sollte. Ihre rötlichen, glatten Haare trägt sie schulterlang. Durch die Haarfarbe fällt besonders ihr rundes und blasses Gesicht auf. Die gebogenen Brauen sowie ihre Augen sind zu stark geschminkt, wodurch sie ihre blauen Augen betont. Nicht zu übersehen ist die Knollnase, auf deren linkem Nasenflügel eine ekelhafte schwarze Warze zu sehen ist. Wirklich schön waren aber ihr großer Mund und die vollen Lippen, die sie in einem zarten Rosa angemalt hat. Bei der Auswahl der Kleidung bräuchte sie jedoch eine Beratung.

_____

_____

_____

_____

_____

_____

1. Die folgende Personenbeschreibung weist einige Fehler auf. Finde die Fehler und schreibe die Personenbeschreibung um. Versuche dabei, die einzelnen Merkmale in einer sinnvollen Reihenfolge zu beschreiben. Achte außerdem auf die Zeitform sowie eine abwechslungsreiche und sachliche Sprache. Fehlende Angaben darfst du frei ergänzen. Schreibe die Personenbeschreibung in dein Deutschheft.

> Unser neuer Mitschüler heißt Timo Baumann. Er ist größer und dicker als ich. Er hat ein interessantes Gesicht, tiefliegende Augen, eine schiefe Nase, einen kleinen Mund, aber wulstige Lippen. Auf seiner Nase sitzt eine ziemlich altmodische Hornbrille mit runden Gläsern. Seine kleinen Ohren sind bei seiner Kurzhaarfrisur mit Seitenscheitel gut zu erkennen. Er macht einen altmodischen Eindruck. Ich denke, das liegt bestimmt an seiner Kleidung. Er trägt einen viel zu engen grauen Strickpullover mit Zopfmuster und eine grässliche abgewaschene dunkelgrüne Cordhose. An seinen Füßen trägt er braune Stoffschuhe. An seinem Hals war deutlich der Adamsapfel zu erkennen, außerdem hatte er einen dicken Pickel auf der Nase. Wenn man genau hinsieht, dann erkennt man einen leichten Oberlippenbart. Naja, er ist ja schon 15 Jahre alt. Eins steht jedenfalls fest, ich finde ihn seltsam.

2. Fertige in deinem Deutschheft eine vollständige Personenbeschreibung zu der hier abgebildeten Person (ca. 1,70 m groß) an.

V. Euler/A. Reul/V. Tagliente: Deutsch üben Klasse 8

Jederzeit optimal vorbereitet in den Unterricht?